अनुवाद : सिद्धान्त एवं प्रयोग

अनुवाद : सिद्धान्त एवं प्रयोग

डॉ. जी० गोपीनाथन

पूर्व अध्यक्ष, हिन्दी विभाग

कालीकट विश्वविद्यालय, कालीकट

लोकभारती प्रकाशन

पहली मंजिल, दरबारी बिल्डिंग, महात्मा गाँधी मार्ग, इलाहाबाद-१

लोकभारती प्रकाशन
पहली मंजिल, दरबारी बिल्डिंग, महात्मा गाँधी मार्ग
प्रयागराज-211 001
वेबसाइट : www.lokbhartiprakashan.com
ईमेल : info@lokbhartiprakashan.com
शाखाएँ : 1-बी, नेताजी सुभाष मार्ग, दरियागंज
नई दिल्ली-110 002
अशोक राजपथ, साइंस कॉलेज के सामने
पटना-800 006 (बिहार)
1, अनमोल सोराबजी संतुक लेन, मरीन लाइंस
मुम्बई-40000

मूल्य : ₹ 300

पहला संस्करण : 1985
आठवाँ संस्करण : 2025

सुपर माधव ग्राफिक
प्रयागराज द्वारा मुद्रित

ANUVAD SIDHANT EVAM PRAYOG
by Dr. G. Gopinathan

ISBN : 978-81-8031-368-4

भूमिका

विभिन्न भाषा-भाषी जनसमूह के बीच अंत:संप्रेषण की प्रक्रिया के रूप में अनादिकाल से अनुवाद का विशिष्ट योगदान रहा है। भारत जैसे बहुभाषा-भाषी राष्ट्र में अनुवाद का महत्त्व स्वयंसिद्ध है। यूरोपीय देशों में प्राचीन काल से ही अनुवाद के कुछ सामान्य सिद्धान्तों को कायम करने का प्रयास किया गया है। भारत में संभवत: अनुवाद को मौलिक लेखन से अभिन्न या उसके समकक्ष मान लेने के कारण अनुवाद के सिद्धान्तों का विशेष विकास नहीं हो पाया है। भारतीय भाषाओं में प्राय: अनुसृजन, भाषानुवाद या अनुकरण ही ज्यादातर होते आये हैं। लेकिन आधुनिक वैज्ञानिक युग की माँग है कि अनुवाद प्रामाणिक हो और उसके लिए कुछ सुनिश्चित सिद्धान्त अपनाये जाएँ। साहित्य अकादमी, नेशनल बुकट्रस्ट आदि ने इस दिशा में कुछ प्रयास अवश्य किया है। विश्वविद्यालयों में अनुवाद विषयक अध्ययन के प्रारंभ होने से भी अनुवाद के सैद्धान्तिक एवं व्यावहारिक पहलुओं पर विचार करना आवश्यक हो गया है।

पश्चिम के अनुवाद विषयक सिद्धांतों एवं अध्ययनों के तीन चरण स्पष्ट रूप से दिखाई देते हैं। अनुवाद विषयक प्रारम्भिक चिंतन बाइबिल के अनुवादकों के आधार पर ही विकसित हुआ। पुनर्जागरण के बाद काव्य तथा अन्य साहित्यिक विधाओं के अनुवाद की प्रक्रिया एवं सिद्धांतों की ओर अनुवादकों का ध्यान गया। तीसरा युग अनुवाद के भाषा वैज्ञानिक सिद्धांतों का युग है। बीसवीं शताब्दी में तुलनात्मक एवं व्यतिरेकी अध्ययन का विकास यंत्रानुवाद के प्रयोग तथा आदिवासियों की भाषा से अनुवाद के सिलसिले में भाषावैज्ञानिकों का ध्यान अनुवाद की ओर गया। यंत्रानुवाद की विशेष आवश्यकता संयुक्त राष्ट्रसंघ जैसी संस्थाओं में एक ही समय में विभिन्न भाषाओं में किये जाने वाले अनुवाद के संदर्भ में अधिक महसूस की गयी। युनेस्को के अधीन कार्यरत अनुवादकों का अन्तर्राष्ट्रीय संगठन तथा यूरोप और अमेरिका के कई अनुवाद परिषदों ने भी अनुवाद-चिन्तन को एक वैज्ञानिक आधार प्रदान करने में महत्त्वपूर्ण कार्य किया है। युनेस्को द्वारा प्रकाशित 'बेबल' नामक पत्रिका का उल्लेख भी यहाँ आवश्यक है। अनुवाद-विज्ञान के क्षेत्र में इस पत्रिका का योगदान ऐतिहासिक महत्त्व रखता है।

भारत में रवीन्द्रनाथ टैगोर एवं श्री अरविन्दो जैसे मनीषियों ने अनुवाद के सैद्धान्तिक पक्ष पर अपने अनुभवों के आधार पर थोड़ा बहुत विचार किया है। आज़ादी के बाद भारतीय विद्वानों ने अनुवाद के सैद्धान्तिक पक्ष पर विशेष रूप से सोचना शुरू किया। वल्लत्तोल, बच्चन, धर्मवीर, भारती, माचवे, पी० लाल आदि साहित्यकारों ने अपने अनुवादों की

भूमिकाओं में तथा अन्यत्र भी अनुवाद विषयक अपने छुट-पुट विचार प्रस्तुत किये हैं। भारतीय विद्वानों को अनुवाद के सैद्धान्तिक एवं व्यावहारिक पहलुओं पर सोचने के लिए प्रेरित करने में भारतीय अनुवाद परिषद् दिल्ली तथा उसके द्वारा प्रकाशित पत्रिका 'अनुवाद' तथा भारतीय वैज्ञानिक अनुवाद-परिषद्, दिल्ली द्वारा प्रकाशित पत्रिका 'जिस्टा' का काफी योगदान रहा है। अनुवाद के सैद्धान्तिक एवं भाषा-वैज्ञानिक पक्ष पर प्रकाश डालने वाले ग्रन्थ विश्वभाषाओं में बहुत ही कम निकले हैं। आधुनिक युग में प्रागस्कूल के विद्वानों, विशेषकर व्लाडिमिर प्रोचाज़का, जिरी लेवी, रोमन जाकोन्सन् आदि तथा अनेक रूसी, फ्रेंच, जर्मन विद्वानों ने व जे० सी० कैटफोर्ड, यूजीन० ए० नीड़ा, थियोडर सेवरी, जेइम्स होल्म्स, जार्ज स्टीनर आदि अन्य पश्चिमी देशों के विद्वानों ने अनुवाद के सैद्धान्तिक एवं व्यावहारिक पहलुओं पर वैज्ञानिक ढंग से विचार किया है। अनुवाद के नृतत्ववैज्ञानिक एवं सामाजिक-सांस्कृतिक पहलुओं पर मैलिनोव्स्की जैसे नृतत्ववैज्ञानिकों ने विद्वानों का ध्यान आकर्षित किया था। फ्रेंच, जर्मन, अंग्रेजी आदि भाषाओं में तुलनात्मक साहित्य के विकास ने भी अनुवाद के साहित्यिक पहलुओं के अध्ययन को गतिशील बनाया। अनुवाद वस्तुतः तुलनात्मक अध्ययन के लिए आवश्यक बुनियादी सामग्री प्रस्तुत करता है। साथ ही अनुवादों का आलोचनात्मक मूल्यांकन तथा अनुवादों के प्रभावों एवं रूपों का अध्ययन तुलनात्मक साहित्य के विद्वानों के लिए रोचक विषय रहा है। भारतीय भाषाओं में अनुवाद विषयक बहुत कम ग्रंथ मिलते हैं। डॉ० आनन्द प्रकाश खेमाणी तथा वेदप्रकाश द्वारा संपादित 'अनुवाद-कला कुछ विचार' भोलानाथ तिवारी का 'अनुवाद-विज्ञान', 'काव्यानुवाद की समस्याएँ', आदि तथा केरल भाषा संस्थान द्वारा संपादित 'विवर्तन' तथा अन्य भारतीय भाषाओं में प्रकाशित कुछ संपादित-संकलित ग्रंथ इस क्षेत्र की उपलब्धियाँ हैं।

अनुवाद पर भाषावैज्ञानिक दृष्टि से सोचने की आवश्यकता इसलिए पड़ती है कि अनुवाद की समस्याओं का भाषा के विभिन्न पक्षों, विशेषकर स्वनिम, शब्द, रूप, वाक्य तथा अर्थ से अभिन्न सम्बन्ध है। अनुवाद की समस्याओं के विश्लेषणात्मक अध्ययन में भाषावैज्ञानिक दृष्टिकोण आवश्यक हो जाता है। पश्चिमी देशों के भाषावैज्ञानिकों ने इस प्रकार के कई अध्ययन प्रस्तुत किये हैं जो अनुप्रयुक्त भाषाविज्ञान के अन्दर आते हैं। परन्तु जार्ज स्टीनर जैसे विद्वानों का कथन है कि अनुवाद अनुप्रयुक्त भाषाविज्ञान नहीं है, वह तो साहित्य के सिद्धान्त एवं प्रयोग का एक विशिष्ट क्षेत्र है।

अनुवाद के सैद्धान्तिक पहलुओं की ओर प्रस्तुत लेखक का ध्यान सबसे पहले एक अनुवादक के रूप में हो गया। अलीगढ़ विश्वविद्यालय में डॉ० कैलाशचन्द्र भाटिया के निदेशन में शोध करते हुए (६४-६८) तथा बाद में कोचिन विश्वविद्यालय के अनुवाद पाठ्यक्रम में पढ़ाते हुए (६९-७१) अनुवाद की भाषावैज्ञानिक समस्याओं पर लेखक ने ध्यान दिया। तदनन्तर 'हिन्दी एवं मलयालम के परस्पर अनुवाद की भाषावैज्ञानिक समस्याएँ' विषय पर डॉ० महावीर सरन जैन के निदेशकत्व में लिखित शोध-प्रबन्ध के लिए जबलपुर विश्वविद्यालय ने लेखक को डी० लिट० की डिग्री प्रदान की। १९८० में सोवियत विज्ञान अकादमी के निमंत्रण पर लेनिनग्राद में प्रो० वारान्निकोव के सहयोग से तथा मास्को में

प्रो० चेलिशेव के सहयोग से लेखक ने रूसी एवं भारतीय भाषाओं के परस्पर अनुवाद की समस्याओं का अध्ययन किया। १९८३ वसंत में एमस्टरडम विश्वविद्यालय के अनुवाद विद्यापीठ में प्रो० जइम्स एस० होल्म्स् की अध्यक्षता में तथा पेरिस विश्वविद्यालय में मदाम निकोलाइ बलवीर की अध्यक्षता में अनुवाद की समस्याओं पर व्याख्यान दिये। १९८३-८४ के दौरान वार्सा विश्वविद्यालय में अतिथि आचार्य के रूप में काम करते हुए भी प्रो० बिरस्की तथा अन्य पोलिश विद्वानों से अनुवाद की विभिन्न समस्याओं पर विचार-विमर्श करने का अवसर लेखक को मिला।

प्रस्तुत ग्रंथ लेखक के उक्त अनुभवों एवं अध्ययनों का परिणाम है। ग्रंथ को तीन भागों में बाँटा गया है-पहले भाग में अनुवाद के स्वरूप एवं प्रक्रिया पर विचार करते हुए अनुवाद की समस्याओं की सैद्धांतिक भूमिका को स्पष्ट किया गया है। अनुवाद को एक परकाय-प्रवेश की प्रक्रिया मानते हुए अर्थ को आत्मा और शैली को शरीर मानने वाले सिद्धांतों की नवीन व्याख्या की गयी है तथा अनुवाद के प्रमुख सिद्धांतों का समन्वय किया गया है। लेखक का विचार है कि अनुवाद विषयक अध्ययन में अर्थ को केन्द्र में रखना चाहिए न कि एक बाह्य तत्त्व के रूप में। आनन्दवर्द्धन का ध्वनि सिद्धांत एवं मैलिनोव्स्की का 'सांस्कृतिक संदर्भ' सिद्धांत अनुवाद में अर्थ की समस्याओं के अध्ययन के लिए विशेष उपयोगी हैं। आधुनिक भाषाविज्ञान का सहारा लेते हुए शैली की समस्याओं का प्रमुख रूप से स्वनिमस्तरीय, शब्दस्तरीय, रूपस्तरीय एवं वाक्यस्तरीय समस्याओं के रूप में वर्गीकरण किया गया है। ग्रन्थ के दूसरे भाग में अनुवाद के रूपों का विश्लेषण किया गया है। तीसरे भाग में अनुवाद की कुछ विशिष्ट अर्थपरक एवं शैलीपरक समस्याओं का अनुप्रयोगात्मक अध्ययन करते हुए उनके लिए व्यावहारिक समाधान ढूँढ़ा गया है।

प्रस्तुत ग्रंथ की रचना में यूरोप एवं भारत के जिन मनीषियों से प्रत्यक्ष एवं परोक्ष सहायता मिली है, उन सबके प्रति लेखक आभारी है। यूरोप के विद्वानों में यूजीन० ए० नीडा, जे० सी० कैटफोर्ड, जइम्स एस० होल्म्स तथा मेजनिकोवा तथा भारतीय विद्वानों में कैलाशचन्द्र भाटिया, महावीर सरन जैन, प्रभाकर माचवे एवं भोलानाथ तिवारी लेखक के विशेष धन्यवाद के पात्र हैं। यदि प्रस्तुत ग्रन्थ भारत में अनुवाद विषयक चिंतन को विकसित करने में किंचित भी योग दे सके तो लेखक का प्रयास सफल माना जाएगा। इस निवेदन के साथ यह ग्रंथ युवा अनुवादकों एवं अनुवाद-सिद्धान्त के अध्येताओं के कर-कमलों में समर्पित किया जा रहा है।

हिन्दी विभाग
कालीकट विश्वविद्यालय
२४.१.१९८५

– जी० गोपीनाथन

अनुक्रम

अनुवाद : सिद्धान्त एवं प्रयोग

१. अनुवाद : एक सांस्कृतिक सेतु

अनुवाद मानव सभ्यता के साथ ही विकसित एक ऐसा तकनीक है जिसका आविष्कार मनुष्य ने बहुभाषिक स्थिति की विडम्बनाओं से बचने के लिए किया था। अक्सर अनुवाद के इसी संदर्भ में 'बेबल' की कथा का उल्लेख किया जाता है। बाइबिल की इस मिथकीय कथा के अनुसार मानव ने जब शिनार देश में एक अपूर्व नगर एवं मीनार बनाकर यहोवा से टक्कर लेना चाहा तो उसने उनकी भाषा में भेद उत्पन्न किया जो आपसी फूट का कारण बना। ऐसा कहा जा सकता है कि मानव ने भाषाओं के इस 'बेबल' की स्थिति में ही अनुवाद की आवश्यकता महसूस की और उसका आविष्कार किया।

विश्व के विभिन्न प्रदेशों की जनता के बीच अन्तःसंप्रेषणं की प्रक्रिया के रूप में अनुवाद की दार्शनिक एवं जीववैज्ञानिक भूमिका अत्यन्त महत्त्वपूर्ण रही है। अनुवाद मानव की मूलभूत एकता का, व्यक्ति चेतना एवं विश्वचेतना के अद्वैत का प्रत्यक्ष प्रमाण है। जैववैज्ञानिक एवं अनुवाद तत्त्ववेत्ता थियोडर सेवरो के अनुसार अनुवाद इसलिए संभव हो पाता है कि सभी देशों के मानव मूल रूप से एक ही वंश (स्पीशीस) के हैं।[१] भाषाओं के गहन स्तरों पर पायी जाने वाली मानव की मूलभूत एकता के बारे में जार्ज स्टीनर लिखते हैं : अनुवाद के द्वारा हम मानव की उस आधारभूत सार्वभौम, जनितकीय, ऐतिहासिक एवं सामाजिक एकता का अनुभव करते हैं जो भाषाओं के बाहरी भेद के बावजूद मानवीय भाषा के प्रत्येक मुहावरे की तह में निहित है। अनुवाद करने का तात्पर्य है दो भाषाओं की बाह्य भिन्नताओं की तह में जाकर मानवीय अस्तित्व के समान तत्त्वों को प्रकाश में लाना। मानव की खोयी हुई सार्वभौम सामान्य भाषा की मिथकीय कल्पना यहाँ चरितार्थ होती है।[२] संस्कृति के व्यतिरेक के कारण भाषाओं की संरचना एवं अभिव्यक्ति भिन्न-भिन्न हो जाती है और इसलिये एकता के बिन्दु प्रायः नज़र नहीं आते। ऐसी स्थिति में बहुभाषा भाषी विश्वजनता के बीच अनुवाद एक सुदृढ़ सांस्कृतिक सेतु का कार्य करता है। यह एक ऐसा सेतु है जिसके माध्यम से समय तथा दूरी के अन्तराल को पार किया जा सकता है।

विश्वसंस्कृति के विकास में अनुवाद का योगदान अत्यन्त ही महत्त्वपूर्ण रहा है। धर्म एवं दर्शन, साहित्य, शिक्षा, विज्ञान एवं तकनीकी, वाणिज्य एवं व्यवसाय, राजनीति एवं कूटनीति जैसे संस्कृति के विभिन्न पहलुओं का अनुवाद से अभिन्न सम्बन्ध है। संस्कृति की प्रगति वस्तुतः अनुवाद रूपी धुरी पर आश्रित है। अतः एक ऐसे चक्र की परिकल्पना की जा सकती है जो संस्कृति के भौतिक, भावनापरक, बौद्धिक एवं

आध्यात्मिक पहलुओं को गतिशील बनाने में अनुवाद के योगदान को दिखा सकता है।

संस्कृति का चक्र एवं अनुवाद

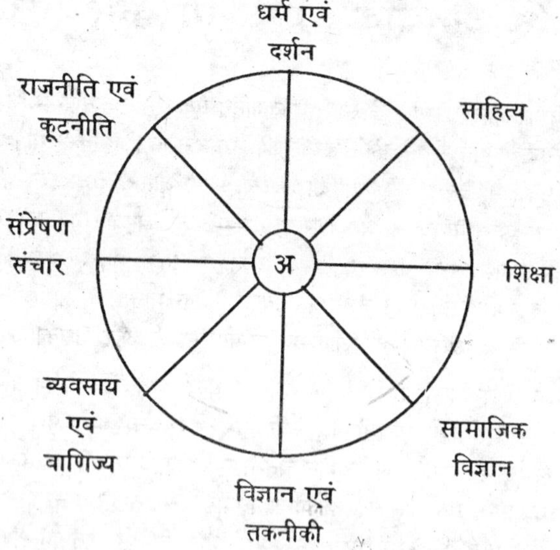

अ = अनुवाद

विश्व के विभिन्न भौगोलिक खंडों में संस्कृति का जो विकास हुआ है, वह एक दूसरे का पूरक है। विश्व संस्कृति के निर्माण की प्रक्रिया में विचारों के आदान-प्रदान का बड़ा हाथ रहा है और वह आदान-प्रदान अनुवाद के माध्यम से ही संभव हो पाया है। उदाहरण के लिये बाइबिल तथा पाश्चात्य साहित्य का भारतीय भाषाओं में और भारतीय आध्यात्मिक ग्रन्थों एवं भारतीय साहित्य का यूरोपीय भाषाओं में जो अनुवाद हुआ, उसने पूर्व एवं पश्चिम के अन्तर की पुरानी कल्पनाओं को तोड़ दिया है। मैक्समूलर ने ऐसे एक विश्व चक्र का उल्लेख किया है जिसमें पूर्व के विचार पहले पश्चिम की ओर जाते हैं और फिर पश्चिम से ये विचार नये रूप में पूरब को लौटते हैं।[३]

प्राचीन काल की संस्कृतियों के विकास में अनुवाद की महत्त्वपूर्ण भूमिका रही है। बैबिलोन की संस्कृति बहुभाषी लोगों की संस्कृति थी और उनके प्रशासनिक कार्य-कलापों तक में अनुवाद का महत्त्वपूर्ण हाथ था। रोम के लोगों ने सम्पूर्ण यवन संस्कृति को अनुवाद के माध्यम से अपनाया था। अरबों ने तो भारत के गणितशास्त्र, खगोलविज्ञान एवं आयुर्वेद के ग्रन्थों का अनुवाद करके विश्व संस्कृति के विकास की भूमिका तैयार की थी। अब्बासियों के जमाने में बगदाद अनुवाद का एक ऐसा केन्द्र था जहाँ के अनुवादकों ने एक ओर भारतीय ग्रन्थों का और दूसरी ओर ग्रीक भाषा के ग्रन्थों का अनुवाद अरबी

में किया। इसके बाद स्पेन के 'टोलेडो' नामक 'अनुवाद विद्यापीठ' में अरबी से इन ग्रन्थों का अनुवाद लैटिन तथा अन्य यूरोपीय भाषाओं में किया गया। चरक, सुश्रुत आदि के आयुर्वेद ग्रन्थ एवं आर्यभट्ट, वराहमिहिर आदि के खगोलविज्ञान के ग्रन्थों का अनुवाद अरबी में विशेष रूप से हुआ। बौद्ध धर्म के माध्यम से चीन ने भी भारतीय दार्शनिक एवं वैज्ञानिक ग्रन्थों का अनुवाद काफी मात्रा में किया था। इन सब अनुवादों ने आधुनिक विज्ञान के विकास की नींव डाली और विश्वसंस्कृति में महान परिवर्तन उपस्थित किया। भारतीय दार्शनिक एवं आध्यात्मिक ग्रन्थों के अनुवादों ने विश्व की भौतिक एवं आध्यात्मिक संस्कृति को कई प्रकार से विकसित किया है- उदाहरण के लिये रामायण के संस्कृत एवं पाली से चीनी, इन्दोनेशियायी, थाय, जापानी भाषाओं में अनेक अनुवाद हुए जिन्होंने दक्षिण पूर्व एशिया की संस्कृति को बहुत गहरे में प्रभावित किया। आधुनिक जर्मनों के महत्त्वपूर्ण दार्शनिक शॉपनहोवर ने उपनिषदों के अनुवाद से प्रेरणा ग्रहण की थी। शाहजहाँ के पुत्र दाराशिकोह द्वारा अनूदित "सिर-ए-अकबर" नामक उपनिषदों के फारसी अनुवाद पर आधारित एक लैटिन अनुवाद उन्होंने पढ़ा था। उपनिषदों का यह लैटिन अनुवाद एन्त्यूतिल दि पेरोन नामक फ्रेंच विद्वान ने किया था।[४] पश्चिम की अनेक भाषाओं में हुए भगवद्गीता एवं पतंजलि के योगसूत्र आदि के अनुवाद तथा मैक्समूलर द्वारा पूर्व के पवित्र ग्रन्थ नामक ग्रन्थमाला का प्रकाशन (१८७४-१९१०) आदि ने पश्चिम एवं पूर्व की संस्कृतियों को एक दूसरे के करीब लाने का युगान्तरकारी कार्य किया है।

यूरोप के नवजागरण में ग्रीक एवं लैटिन के ग्रन्थों के अनुवाद की बलवती भूमिका रही है। आधुनिक भारत के सांस्कृतिक नवोत्थान में भी पश्चिमी साहित्य के अनुवादों का बडा हाथ रहा है। इन अनुवादों ने भारतीयों के दिल में एक नयी प्रेरणा भर दी थी और अपनी प्राचीन संस्कृति को नयी दृष्टि से देखने के लिये उन्हें मजबूर किया था। भारतीय संस्कृति का मूलरूप यदि आज भी भारतीय जनता के जीवन में ज्यों का त्यों मिल जाता है तो उसका श्रेय रामायण, महाभारत, भागवत् आदि के आधुनिक भारतीय भाषाओं में किये गये अनेक रूपान्तरों को प्राप्त है। आज संप्रेषण के साधनों के आविष्कारों के कारण विश्व इतना छोटा बन गया है कि एक प्रदेश के लोग दूसरे प्रदेश के जीवन और गतिविधियों के बारे में जानने के लिये बहुत ही उत्सुक रहते हैं। विश्व मैत्री एवं सहयोग के इस नये दौर में किसी भी प्रदेश की जनता को समझने के लिये उस प्रदेश के साहित्य को समझना अत्यन्त अनिवार्य हो गया है।

अनुवादों के सहारे ही विश्वसाहित्य का निर्माण एवं विकास हुआ है। उदाहरण के लिये प्राचीन भारत के महत्त्वपूर्ण कथासंग्रह पंचतंत्र का अनुवाद विश्व कथा साहित्य के निर्माण के लिये अत्यन्त ही सहायक रहा है। पंचतंत्र का अनुवाद सन् ५७० में पहलवी भाषा में हुआ और उससे सिरीयक, अरबी तथा अनेक यूरोपीय भाषाओं में इसका

अनुवाद हुआ। अब्दुल्ला इब्न अल मोक़फ्फा द्वारा पंचतंत्र का ७५० ईस्वी में जो अरबी अनुवाद किया गया था, वह एशिया और यूरोप के अनेक अनुवादों का स्रोत बना। इन रोचक कहानियों ने अनेक शताब्दियों तक दुनिया के तीन महाद्वीपों के कथा साहित्य को उत्प्रेरित किया और आधुनिक यूरोपीय कथा साहित्य भी उनसे अत्यन्त प्रभावित है।[५] यह तो अत्यन्त प्रसिद्ध है कि जर्मन कवि, नाटककार एवं समालोचक गेथे को 'विश्व साहित्य' की परिकल्पना को विकसित करने की प्रेरणा शाकुन्तल के अनुवाद को पढ़कर मिली थी। आधुनिक यूरोप में जो भारतीय साहित्य की रचनाएं अत्यन्त लोकप्रिय हुईं, उनमें शाकुन्तल का विशिष्ट स्थान है। इसका अनुवाद १७८९ में विलियम जोन्स ने अंग्रेज़ी में किया था और गियार्ग फारस्टर ने १७९१ में इसी अनुवाद पर आधारित जर्मन अनुवाद प्रकाशित किया था। जर्मन भाषा के प्रसिद्ध लेखक हेर्डर तथा गेथे इस ग्रन्थ से अत्यन्त प्रभावित हुए थे। गेथे ने १७९१ में शाकुन्तल पर जो प्रशंसात्मक काव्यांश लिखा, वह इसी प्रेरणा का परिणाम था-

"In case you desire to rejoice in the blossoms of early years,
the maturity of ages advanced,
In case you want to have something that charms,
something that is enchanting;
In case you like to have a thing that satisfies and also nourishes.
In case you want to call both-
heaven and earth,
by a common name,
I refer you so Sakuntala.
And thus I describe these all.

(अंग्रेज़ी अनुवाद-जर्मन से)

"यदि मैं यौवन के फूलों की बहार
और उसके उतार के परिपक्व फलों को एक बारगी ही पाना चाहूँ :
यदि मैं वह सब कुछ पाना चाहूँ
जो आत्मा को मुग्ध, उल्लसित और संपोषित करता है :
यदि मैं पृथ्वी और स्वर्ग को एक ही नाम से संयुक्त पाना चाहूँ :
तो ओ शकुन्तला, मैं तुम्हारा नाम लूंगा,
और सब कुछ एक बारगी ही व्यक्त हो जायेगा।''[६]

गेथे जैसे विद्वानों ने भारतीय साहित्य के प्रति यूरोप में जो जिज्ञासा पैदा की, उससे यूरोपीय भाषाओं में भारतीय, साहित्य के अनुवाद का एक बाढ़ सा आया। इस प्रक्रिया ने यूरोप की साहित्य सम्बन्धी धारणाओं में क्रांति उपस्थित की है। टैगोर के व्यक्तित्व तथा उनकी गीतांजली ने आधुनिक भारतीय साहित्य में दिलचस्पी बढ़ायी। द्वितीय विश्वयुद्ध के दिनों में अकादमीशन वारान्निकोव द्वारा रामचरितमानस का जो अनुवाद रूसी में

हुआ, वह रूस के भारत सम्बन्धी अध्ययन में एक परिवर्तन का कारण बना। रूस की भौतिकवादी दृष्टि पहली बार मध्ययुगीन भक्ति साहित्य के प्रमुख ग्रन्थ पर पड़ी। समाजवादी देशों ने समकालीन भारतीय साहित्य के अनुवाद में अधिक दिलचस्पी दिखाई है। युनेस्को द्वारा कराये गये प्रेमचन्द के गोदान, विभूतिभूषण के 'पथेर पांचाली', तकषीके 'चैम्मीन' आदि ग्रन्थों ने भी वर्तमान भारत के साहित्य में दिलचस्पी बढ़ाई है। विश्वमानव की नयी चेतना के कारण एशिया, अफ्रीका एवं लैतीनी अमेरिका के साहित्य का अनुवाद अधिक महत्त्वपूर्ण बनता जा रहा है। वैसे भी आज समकालीन साहित्य को पढ़ने का चाव विश्वजनता में बढ़ता जा रहा है। इस कारण से आज विश्व भर में साहित्यिक अनुवाद की बड़ी माँग है। भारत जैसे बहुभाषा भाषी देश में तो अनुवाद की उपादेयता स्वयंसिद्ध है। भारत के विभिन्न प्रदेशों के साहित्य में निहित मूलभूत एकता के स्वरूप को निखारने के लिए अनुवाद ही एकमात्र अचूक साधन है। इस तरह अनुवाद द्वारा मानव की एकता को रोकनेवाली भौगोलिक और भाषायी दीवारों को ढहाकर विश्वमैत्री को और भी सुदृढ़ बना सकते हैं।

भारत जैसे विकासशील बहुभाषा-भाषी राष्ट्र में प्रशासन, कानून, शिक्षा, व्यवसाय, विज्ञान एवं कृषि के क्षेत्र में जनभाषाओं की प्रतिष्ठा का नया युग आ रहा है। न केवल भावात्मक एकता को बनाये रखने के लिए, बल्कि ज्ञान-विज्ञान के नये स्पन्दन को सामान्य जनता तक पहुँचाने के लिए भी, आज़ भारतीयों के लिये अनुवाद अनिवार्य हो गया है। भारतीय भाषाएँ क्रमश: उच्चशिक्षा, का माध्यम बनती जाएँगी, साथ ही विश्वभाषाओं के उत्तम ग्रन्थों के अनुवाद की आवश्यकता भी बढ़ती जाएगी। ज्यों-ज्यों अंग्रेज़ी का महत्त्व भारत में कम होता जायेगा और अंग्रेजी पुस्तकालय की भाषा बनकर रह जाएगी, अनुवाद की आवश्यकता भी बढ़ती जाएगी। वैज्ञानिक, तकनीकी, शैक्षणिक एवं व्यावसायिक क्षेत्र में विकासशील देशों में अनुवाद का महत्त्व बढ़ रहा है। इस कारण से विकासशील देश भी यंत्रानुवाद की दिशा में बढ़ रहे हैं। पत्रकारिता और समाचार संप्रेषण में बहुभाषा भाषी विश्व में अनुवाद का जो योग रहता है, वह इतना महत्त्वपूर्ण है कि दैनिक जीवन में अनुवाद एक मूलभूत आवश्यकता सा बन जाता है। वैज्ञानिक सूचनाओं के आदान-प्रदान में, राजनीतिक एवं कूटनीतिक व्यवहार में अनुवाद की अनिवार्यता स्वयंसिद्ध है। विश्व राजनीति में 'तीसरी दुनिया' के देशों का महत्त्व पहले से अधिक बढ़ गया और इस कारण से अनुवाद की संभावनाएँ भी बढ़ जाती हैं। सम्मेलनानुवाद अन्तर्राष्ट्रीय संस्कृति के युग में एक अनुपेक्षणीय कार्य है। संयुक्त राष्ट्रसंघ की मान्यता प्राप्त भाषाओं-अंग्रेजी, फ्रेंच, जर्मन, रूसी, चीनी एवं अरबी-के अतिरिक्त हिन्दी, स्पेनिश आदि भाषाओं का महत्त्व भी अनुवाद के क्षेत्र में बढ़ रहा है। मारिशस, फिजी, सूरीनाम आदि देशों की प्रमुख भाषा के रूप में और विभिन्न भारतीय भाषाओं को जोड़ने वाली भाषा के रूप में हिन्दी एक व्यापक अनुवाद-माध्यम बनती जा रही है। विकासशील देशों के लिए पाठ्य ग्रन्थ

निर्माण में भी अनुवाद का ही सहारा लिया जा रहा है। अर्थात् वैज्ञानिकों, तकनीकी विशेषज्ञों, राजनीतिज्ञों, कूटनीतिज्ञों एवं पत्रकारों का काम अनुवाद के बिना असम्भव सा बन गया है।

बीसवीं शताब्दी अन्तर्राष्ट्रीय संस्कृति की शताब्दी है और इस कारण से इसे अनुवाद की शताब्दी भी कहा गया है। संप्रेषण के नये माध्यमों के आविष्कारों ने 'वसुधैव कुटुम्बकम्' की उपनिषदीय कल्पना को साकार बना लिया है। भारत जैसे बहुभाषा भाषी राष्ट्र में परस्पर अनुवाद की तो आवश्यकता है ही, लेकिन विश्वभाषाओं से भी अनुवाद की अनिवार्यता है। युनेस्को जैसी संस्थाएँ विश्वभाषाओं से अनुवाद की दिशा में कार्यरत हैं तो साहित्य अकादमी, नेशनल बुक ट्रस्ट, ज्ञानपीठ आदि संस्थाएँ भारतीय भाषाओं के बीच अनुवाद कार्य को विकसित कर रही हैं। रूस, कैनड़ा, स्विट्ज़रलैण्ड जैसे बहुभाषा भाषी देशों की स्थिति भी लगभग यही है।

संक्षेप में कह सकते हैं कि अनुवाद एक ऐसा सेतु बन्धन का कार्य है जिसके बिना विश्वसंस्कृति का विकास सम्भव नहीं है। अनुवाद के द्वारा हम मानव के इस विश्व कुटुम्ब में सम्पूर्ण एकता एवं समझदारी की भावना विकसित कर सकते हैं, मैत्री एवं भाईचारे को विकसित कर सकते हैं और गुटबन्दी, संकुचित प्रान्तीयतावाद आदि से मुक्त होकर मानवीय एकता के मूल बिन्दु तक पहुँच सकते हैं।

२. अनुवाद का स्वरूप एवं प्रक्रिया

२.१. 'अनुवाद' शब्द

'अनुवाद' भाषाओं के बीच संप्रेषण की वह प्रक्रिया है जिसके लिए अंग्रेजी में 'ट्रांसलेशन', फ्रेंच में 'ट्रडुक्शन', अरबी में 'तर्जुमा' आदि शब्द चलते हैं। 'ट्रांसलेशन' शब्द लैटिन के 'ट्रांस' और 'लेशन' के संयोग से बना है जिसका मतलब है 'पार ले जाना'। संस्कृत में 'छाया', 'टीका', 'भाषा' आदि शब्द भाषान्तर एवं रूपान्तर के लिए चलते थे। हिन्दी, मराठी, गुजराती, बंगला, पंजाबी, असमिया और तेलुगु में 'अनुवाद' शब्द उन्नीसवीं शताब्दी से चल रहा है। "पहले किसी भाषा में लिखी गयी या कही गयी बात को पीछे किसी अन्य भाषा में लिखना या कहना'' इसी अर्थ में अनुवाद शब्द का प्रयोग अब रूढ़ हो गया है।

२.२. अनुवाद : एक परकाय-प्रवेश की प्रक्रिया

अनुवाद की प्रक्रिया की तुलना आत्मा के परकाय प्रवेश की प्रक्रिया से की जा सकती है। वैसे तो अनुवाद के परकाय प्रवेश होने का सिद्धान्त बहुत पहले से ही प्रचलित रहा है,[१] लेकिन आधुनिक सन्दर्भ में इस परिकल्पना का प्रयोग अनुवाद की प्रक्रिया के सम्बन्ध में प्रचलित विभिन्न विचारधाराओं के बीच समन्वय स्थापित करने के लिए किया जा सकता है। इसके लिए हम यहाँ पर अनुवाद के सम्बन्ध में प्रचलित प्रमुख विचारधाराओं का विश्लेषण करेंगे।

२.२.१. अनुवाद : अर्थ संप्रेषण की प्रक्रिया के रूप में

यह विचारधारा उन लोगों की है जो यह मानते हैं कि अनुवाद एक भाषा से दूसरी भाषा में अर्थ के अन्तरण की प्रक्रिया है। डा० जॉनसन की प्रसिद्ध परिभाषा इस संदर्भ में उल्लेखनीय है-"अनुवाद का तात्पर्य है अर्थ को बनाये रखते हुए अन्य भाषा में अन्तरण करना''। एक आधुनिक विचारक ए० एच० स्मिथ के अनुसार इस परिभाषा को इस तरह से परिवर्तित करना आवश्यक है "अनुवाद का तात्पर्य यह है यथा संभव अर्थ को बनाये रखते हुए अन्य भाषा में अन्तरण करना।''[२] उनके अनुसार यह संशोधन इसलिए आवश्यक है कि सभी प्रकार के अनुवाद में मूल के प्रभाव का कुछ अंश नष्ट हो जाने की संभावना रहती है। अनूदित सामग्री में अभिव्यक्त अनुभव जितना ही आत्मनिष्ठ होता है उतना ही अर्थ घटता रहता है। पीटर न्यूमार्क बताते हैं कि अनुवाद में अर्थ के नष्ट होने की यह प्रक्रिया बहुत कुछ घटती-बढ़ती रहती है। कभी ज़्यादा अर्थ

हो जाता है और कभी कम अर्थ ही अनूदित हो पाता है।[३]

अर्थ सम्बन्धी अध्ययनों में शब्द को प्रतीक या चिह्न माना जाता है। लियनार्ड फारस्टर के अनुसार अनुवाद स्रोत भाषा के प्रतीकों और चिह्नों का लक्ष्य भाषा में अन्तरण है।[४] डोस्टर्ट के अनुसार अनुवाद प्रायोगिक भाषा-विज्ञान की वह शाखा है जिसका सम्बन्ध प्रतीकों के एक सुनिश्चित समुच्चय से दूसरे समुच्चय में अर्थ के अन्तरण से है।[५]

उपर्युक्त विद्वानों में से कुछ ने अनुवाद को केवल अर्थ का अन्तरण माना है जबकि अन्य लोगों ने शब्द को प्रतीक मानते हुए अर्थ-संप्रेषण की जटिल प्रक्रिया की ओर इशारा किया है। शब्द अपने में स्वतंत्र इकाई नहीं है, उसका सम्बन्ध एवं संदर्भ होता है। अनेक संभावित प्रतीकों में से अनुवादक को ऐसे उपर्युक्त प्रतीकों को चुनना होता है जिनके माध्यम से मूल के अर्थ को संप्रेषित किया जा सके। प्रतीकविज्ञान की दृष्टि से विचार करने पर भी अनुवाद में अर्थ-संप्रेषण की जटिलताएँ ही प्रमुख रूप से उभरती हैं।

२.२.२. अनुवाद : सांस्कृतिक संदर्भ के एकीकरण के रूप में

मैलिनोव्स्की जैसे समाजशास्त्रियों ने अनुवाद के सामाजिक-सांस्कृतिक महत्त्व की ओर इशारा किया है। प्रत्येक भाषा का एक सांस्कृतिक परिवेश होता है जिसके निर्माण में उसके बोलनेवाले लोगों की परम्परा, इतिहास, नृतत्व विज्ञानीय एवं भौगोलिक पृष्ठभूमि आदि का हाथ रहता है। प्रत्येक भाषा में ऐसे अनेक शब्द होते हैं जिनसे एक लम्बी सांस्कृतिक पृष्ठभूमि एवं सम्बन्ध जुड़े रहते हैं। ट्राबियान्ड द्वीप के लोगों की भाषा के अनेक सांस्कृतिक शब्दों का अनुवाद करते हुए मैलिनोव्स्की ने इन समस्याओं के बारे में गंभीरता से सोच-विचार किया। अनुवाद की सामाजिक-सांस्कृतिक समस्याओं के अध ययन में उनका 'साहचर्य-संदर्भ' का सिद्धान्त काफी उपयोगी है। 'साहचर्य का संदर्भ' (Context of situation) का सम्बन्ध किसी भाषा के शब्दों के सांस्कृतिक संदर्भों से है। यहाँ पर 'संस्कृति' का तात्पर्य जनता के जीवन के तौर-तरीकों, परंपराओं और अन्य सामाजिक एवं भौगलिक विशिष्टताओं से है। स्रोत भाषा की संस्कृति अनुवाद की दृष्टि से अत्यंत महत्त्वपूर्ण तत्त्व है। उसके सांस्कृतिक तत्त्वों को लक्ष्य भाषा भाषी तक कैसे संप्रेषित करें इस गहन समस्या पर विचार करते हुएं मैलिनोव्स्की ने यह निष्कर्ष निकाला है कि अनुवाद सांस्कृतिक संदर्भों का एकीकरण है (Unification of cultural contexts) उनके इस सूत्र की व्याख्या करते हुए आर० एच० राबिन्स बताते हैं कि जहाँ भी लक्ष्य भाषा में सांस्कृतिक एकता का अभाव रहता है, वहाँ पर मूल के शब्दों का एकल शब्दों द्वारा अनुवाद अपर्याप्त हो जाता है। ऐसे स्थानों पर व्याख्या एवं अतिरिक्त सूचनाओं की आवश्यकता होती है जिससे कि सांस्कृतिक संदर्भ की पुनर्रचना हो सके।[६]

प्रसिद्ध भाषावैज्ञानिक फिर्थ ने अर्थ के संदर्भ में तत्त्व पर बल दिया है।[७] एम० ए० के० हालिडे बताते हैं कि साहित्यिक अनुवाद में मूल पाठ के समग्र संदर्भ को ध्यान में रखना होता है।[८] अनुवाद एक तरह से सांस्कृतिक सेतुबन्धन का कार्य करता है और इस दृष्टि से मैलिनोव्स्की आदि समाज-भाषावैज्ञानिकों के विचार अत्यंत महत्त्वपूर्ण हैं।

२.२.३. अनुवाद : व्याख्या के रूप में

कुछ विद्वानों के अनुसार अनुवाद एक व्याख्या है। रोमन जैकबसन के अनुसार भाषाओं के बीच अनुवाद से तात्पर्य है एक भाषा के शाब्दिक प्रतीकों की अन्य भाष के शाब्दिक प्रतीकों द्वारा व्याख्या।[९] जइम्स होल्मस काव्यानुवाद के विभिन्न रूपों की परीक्षा करते हुए निष्कर्ष पर पहुँचते हैं कि "सभी तरह का अनुवादकार्य आलोचनात्मक व्याख्या है"[१०] रूसी लेखिका मेदनिकोवा के अनुसार "अनुवाद एक तरह से टीका-टिप्पणी करना है।"[११] अक्सर देखा जाता है कि अनुवाद में, विशेषकर साहित्यिक अनुवाद में 'व्याख्यात्मक अन्तरण' की आवश्यकता पड़ती है। व्याख्या के रूप में अनुवाद एक सृजनात्मक प्रक्रिया है। एक ही पाठ के दो अनुवादकों द्वारा किये गये अनुवादों की भिन्नता यही दिखाती है कि प्रत्येक अनुवादक उस पाठ की व्याख्या करता है। साहित्यिक रचना के सांस्कृतिक, अर्थपरक एवं सौन्दर्यपरक अंशों का प्रभावपूर्ण अनुवाद क्षतिपूर्ति, प्रतिस्थापन आदि व्याख्यात्मक तकनीकों द्वारा ही संभव है। इस कारण से अनुवाद सम्बन्धी दृष्टिकोण तुलनात्मक साहित्य एवं तुलनात्मक सौंदर्यशास्त्र की दृष्टि से काफी महत्त्वपूर्ण है।

२.३.४. अनुवाद : भाषा के विभिन्न स्तरों पर पाठ्य सामग्री के प्रतिस्थापन के रूप में

यह दृष्टिकोण प्रसिद्ध भाषावैज्ञानिक जे० सी० कैटफोर्ड ने प्रस्तुत किया है। वे अनुवाद की परिभाषा देते हैं कि अनुवाद स्रोत भाषा की पाठ्य सामग्री के लिए लक्ष्य भाषा की समतुल्य पाठ्य सामग्री द्वारा प्रतिस्थापन है।[१२] 'पाठ्य-सामग्री' एवं 'अनुवाद-समतुल्यता' की व्याख्या करते हुए कैटफोर्ड भाषा के विभिन्न स्तरों को महत्त्व देते हैं। स्वन, लेखीम, व्याकरण एवं शब्दकोटि से अलावा भाषा के अन्य सूक्ष्म स्तरों तक अनुवाद का जो प्रतिस्थापन होता है, उसका विशद विवेचन उन्होंने अपने 'लिंग्विस्टिक थियोरी आफ ट्रांसलेशन' नामक ग्रन्थ में किया है। यद्यपि वे अनुवाद में अर्थ के महत्त्व पर प्रकाश डालते हैं तो भी एम० ए० के० हालीडे जैसे संघटनवादी भाषावैज्ञानिकों का अनुसरण करते हुए उन्होंने भाषा के रूप-तत्त्वों को अर्थ की अपेक्षा ज्यादा महत्त्व दिया है। हालिडे द्वारा प्रतिपादित व्याकरण-कोटियों का अनुवाद-सिद्धान्त के सन्दर्भ में प्रयोग उनका प्रमुख योगदान है। इस सिद्धान्त की कुछ सीमाओं के कारण वे अनुवाद के अर्थ-पक्ष पर अधिक बल नहीं दे पाये हैं। यूजीन० ए० नीड़ा जैसे भाषावैज्ञानिकों के विचारों के आलोक में कैटफोर्ड के विचारों का पुनर्मूल्यांकन आवश्यक हो जाता है।[१३]

२.२.५ अनुवाद : अर्थ एवं शैली की समतुल्यता के रूप में

भाषावैज्ञानिक, अनुवाद में अर्थ एवं शैली के तत्त्वों को यथोचित महत्त्व देते हैं। अर्थ-विज्ञान के सिद्धान्त तथा प्रागस्कूल के शैलीवैज्ञानिक चिन्तन का इस दृष्टिकोण पर प्रभाव लक्षित होता है। टैंकोक के अनुसार अनुवादक का कार्य द्विमुख होता है-पहले तो उसे मूल के अर्थ का ठीक-ठीक अनुवाद करना होता है और दूसरा उसे मूल की शैलीगत विशेषताओं को भी अनुवाद में उतारना है।[१४] यूजीन० ए० नीड़ा के अनुसार "अनुवाद का तात्पर्य है स्रोत भाषा के संदेश के लिए लक्ष्य भाषा में निकटतम सहज समतुल्यता की सृष्टि। यह समतुल्यता प्रथम तो अर्थ की होती है और द्वितीय शैली की।''[१५] नीड़ा ने अपनी इस परिभाषा की विस्तृत व्याख्या अपने ग्रन्थों में की है। वे लिखते हैं कि अनुवाद में अर्थ को वरीयता देनी है। परन्तु शैली भी कम महत्त्वपूर्ण नहीं है।[१६] यह विचारधारा अनुवाद की समग्र प्रक्रिया को महत्त्व देती है और यह समग्र प्रक्रिया है अर्थ एवं शैली की समतुल्यता के तलाश की। इस कारण से अनुवाद-प्रक्रिया के विश्लेषण के लिए यह विचारधारा अधिक सहायक लगती है।

२.३. समन्वय

उपर्युक्त सिद्धान्तों का समन्वय करते हुए अनुवाद के सिद्धान्त का प्रतिपादन इस प्रकार किया जा सकता है-अनुवाद के संदर्भ में अर्थ ही पाठ की आत्मा है जिसका अन्तरण होता है और शैली ही वह आवरण या शरीर है जिसमें अर्थ रूपी आत्मा निवास करती है। जब शैली को भाषा के रूप तत्त्व के रूप में लेते हैं तो भाषा के विभिन्न स्तरों को शैली के लिए भी लागू कर सकते हैं। इस तरह शैली का स्वन, शब्द रूप एवं वाक्य के स्तरों में विभाजन कर सकते हैं। ये चारों मिलकर पाठ का आवरण या शरीर बनता है। अनुवाद की प्रक्रिया में अर्थ या आत्मा का अन्तरण होता है जबकि स्रोत पाठ की शैली के विभिन्न स्तरों का लक्ष्य भाषा की शैली के विभिन्न स्तरों द्वारा प्रतिस्थापन होता है। अनुवाद की एक विशेषता यह है क़ि मूल की शैली के कुछ गुण भी लक्ष्य पाठ की शैली में आत्मा या अर्थ के साथ अन्तरित होते हैं। चेक विद्वान एन्टन पापोविच द्वारा प्रतिपादित 'अभिव्यति का विस्थापन' (shift of expression) नामक सिद्धान्त इस प्रसंग में उपयोगी है। इनके अनुसार मूल की शैली की भाषिक विशेषताओं का लक्ष्यपाठ की शैली में संगुफन सीधे तो संभव नहीं है बल्कि उचित विस्थापन की प्रक्रिया से ही संभव है।[१७] स्रोत एवं लक्ष्य भाषाओं के शैलीगत वैषम्य के कारण ही यह विस्थापन आवश्यक हो जाता है।

परकाय प्रवेश की प्रक्रिया के रूप में अनुवाद की परिकल्पना के अन्तर्गत 'सांस्कृतिक सन्दर्भों का एकीकरण', 'अनुवाद एक व्याख्या है' आदि सिद्धान्तों को भी समाहित कर सकते हैं। अनुवाद की इस परकाय-प्रवेश की प्रक्रिया में स्रोत भाषा की संस्कृति की

आत्मा एवं शरीर, अर्थ एवं शैली का अन्य भाषिक संस्कृति के अर्थ एवं शैली तत्त्वों में अन्तरण एवं एकीकरण हो जाता है। यह प्रक्रिया एक पुनःसृजन की माँग करती है और इस तरह अनुवाद मूल की आत्मा या अर्थ की नयीं भाषा एवं उसकी संस्कृति के संदर्भ में व्याख्या है। भारतीय परम्परा के अनुसार वाक् (शैली/शब्द) एवं अर्थ पार्वती एवं परमेश्वर की तरह अभिन्न या संपृक्त हैं।[१८] अर्द्धनारीश्वर के रूप में वे अभिन्न हैं, परन्तु पार्वती एवं परमेश्वर के रूप में उनका स्वतन्त्र अस्तित्व भी है। इसी तरह अर्थ एवं शैली की बुनावट पाठ में इस तरह होती है कि उन्हें अलग करना कठिन है। परन्तु अनुवाद जैसे प्रायोगिक विषयों में उनके द्वन्द्वात्मक अस्तित्व को हमें स्वीकारना होगा। दूसरे शब्दों में कह सकते हैं कि किसी भी पाठ में अर्थ संरचना एवं शैलीगत संरचना का संश्लेषण मिलता है। इस तरह अनुवाद की व्याख्या करते हुए बता सकते हैं कि अनुवाद वह द्वंद्वात्मक प्रक्रिया है जिसमें स्रोत पाठ की अर्थ संरचना (आत्मा) का लक्ष्यपाठ की शैलीगत संरचना (शरीर) द्वारा प्रतिस्थापन होता है। अनुवाद की इस परकाय-प्रवेश की प्रक्रिया को इस तरह दिखाया जा सकता है-

अनुवाद : परकाय प्रवेश की प्रक्रिया के रूप में

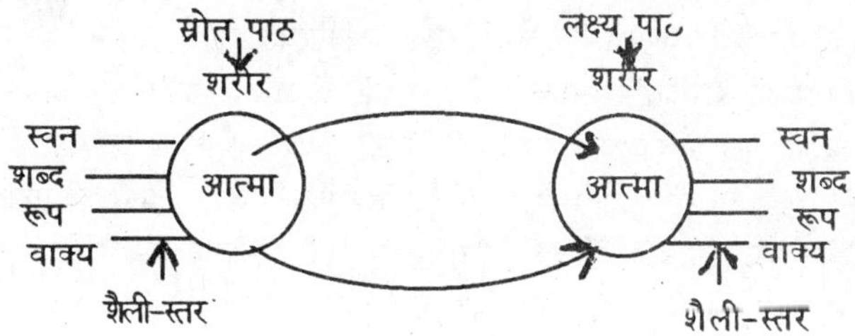

३. अनुवाद : एक वैज्ञानिक कला

अनुवाद को प्राचीन काल से ही एक कला मानते आये हैं। आधुनिक युग में कुछ विचारकों ने उसे विज्ञान कहा है। कुछ लोग अनुवाद को एक कला या विज्ञान न मानकर एक शिल्प (क्रेफ्ट) मानते हैं। यहाँ पर इन विभिन्न विचारधाराओं का संक्षेप में अवलोकन करेंगे।

३.१. अनुवाद का कलागत आधार

अनुवाद को कला मानने का मुख्य आधार यह है कि 'सहज समतुल्यता' की खोज में अनुवादक को अक्सर पुनर्सृजन करना पड़ता है। अनुवाद वस्तुत: शाब्दिक भाषान्तर नहीं है। प्रत्येक भाषा की अपनी प्रकृति होती है और प्रत्येक लेखक की अपनी भावभंगिमा। इसलिए पूर्ण भाषान्तर तो सम्भव नहीं है। अनुवाद एक तरह से पुनरभिव्यक्ति है और लक्ष्य भाषा की अपनी शैली में ही वह संभव है। इस पुनरभिव्यक्ति में अनुवादक की कल्पना, भावप्रवणता, सहजज्ञान और कला का बड़ा हाथ रहता है। दूसरी बात यह है कि अनुवादक का भी एक व्यक्तित्व होता है, उसकी भी एक शैली होती हैं। इसलिए अनूदित रचना एक मौलिक कृति के समान होती है। यदि वह अनुवाद न लगे तो भी मूल लेखक की हत्या होती है और यदि वह केवल अनुवाद ही लगे तो भी मूल लेखक की हत्या होती है। "क्योंकि मक्खी की जगह मक्खी ही चाहिए, मरी नहीं, जीवित, जो उड़ान भरती हो, भिनभिनाती हो।"[१] तात्पर्य यह है कि अनुवाद की स्वतन्त्र सत्ता भी है और वह एक कला है।

अनुवाद को कला मानने का अन्य आधार यह है कि मूल कृति की आत्मा को अनुवाद में उतारने का काम अपने में एक कला है। मशीन कभी भी यह काम पूर्ण सफलता से नहीं कर सकती। कलाकार का वह 'छठा इन्द्रिय' अथवा सहज ज्ञान ही है जो कृति के सौन्दर्य-बिन्दु को पहचानकर उसका संप्रेषण कर देता है।[२] कृतिकार के साथ पूर्ण रूप से तदाकार होकर उसकी आत्मा को पहचानने का काम वही कर सकता है जिसमें कलाकार जैसी संवेदना हो, सहानुभूति हो। यह कम महत्त्वपूर्ण बात नहीं है कि दुनियां के श्रेष्ठ अनुवादक श्रेष्ठ मौलिक कृतिकार भी थे। थियोडर सेवरी ने अपने 'अनुवाद की कला' नामक ग्रंथ में अनुवाद को कला मानने के अनेक कारण बताये हैं।[३] उनके अनुसार अनुवाद में 'निकटतम समतुल्यता' की सिद्धि शब्दों और पर्यायों के चुनाव पर निर्भर होती है और यह चुनाव अनुवादक के सौन्दर्य-बोध एवं

व्यक्तित्व पर निर्भर है। उसके अनुसार वैज्ञानिक अनुवाद फोटोग्राफी की कला के समान है जिसमें भी कलाकार की प्रतिभा का बड़ा योग रहता है। अनुवादक का भाषा ज्ञान यान्त्रिक नहीं होना चाहिए, बल्कि सहानुभूति, अन्तरदर्शन और सजगता से युक्त होना चाहिए जो कला मर्मज्ञता के गुण हैं। इनके अतिरिक्त अनुवाद की मूल प्रेरणा भी एक तरह से कविता या चित्र रचना की प्रेरणा के समान होती है। कलाकार की 'स्वान्तः सुखाय' की भावना को अनुवादक का भी मूल गुण माना जा सकता है क्योंकि अनुवाद करने से स्वयं अनुवादक को एक तरह का परितोष मिलता है जो किसी भी कलाकार के सृजनानुभव से कम महत्त्वपूर्ण नहीं है।

३.२. अनुवाद : एक विज्ञान के रूप में

अनुवाद को विज्ञान मानने वालों की राय में अनुवाद एक ऐसी वैज्ञानिक प्रक्रिया है जिसमें आद्यन्त कुछ निश्चित नियमों को मानकर चलना पड़ता है। पहली बात यह है कि अनुवादक को तटस्थ होकर, सत्यनिष्ठता के साथ, ईर्ष्या द्वेष अथवा अंधभक्ति से बचकर अनुवाद करना चाहिए। जैसा कि एक वैज्ञानिक अपनी रासायनिक वस्तुओं का ठीक-ठीक नाप-तौल लेकर, दूरदर्श जैसे उपकरणों द्वारा वैज्ञानिक सत्य की जांच करता है, उसी प्रकार स्रोतभाषा में व्यक्त विचारों को ठीक-ठीक समझने और संप्रेषण करने के लिए अनुवादक को कोश, व्याकरण आदि 'उपकरणों' का सहारा लेना पड़ता है।[४] अनुवादक के पास वैज्ञानिक का सा खुला दिल चाहिए जिससे समस्याएँ आने पर वह सभी स्रोतों से सहायता व परामर्श लेने के लिये तैयार रहे। उसे एक वस्तुपरक दृष्टिकोण अपनाना होगा। अनुवाद में जो 'छूट जाने वाली कड़ियाँ' होती हैं, उनको यथासम्भव ठीक करने के लिए अनुवादक को कई बार मूल के साथ अपने अनुवाद का मिलान करना पड़ेगा। यह 'छूटी-कड़ी' की खोज एक वैज्ञानिक प्रक्रिया है। जिस धैर्य और संयम के साथ समस्या का विश्लेषण कर उसका समाधान ढूँढ़ने के लिए वैज्ञानिक प्रयास करता है, उसी धैर्य के साथ अनुवादक को भी अपनी समस्याओं के लिए समाधान ढूँढ़ना पड़ेगा। अनुवाद में वैज्ञानिक भाषा की भाँति शब्दों का नपा-तुला प्रयोग होता है जिससे अर्थ का भार ज्यादा न पड़े न कम। वस्तुनिष्ठता और प्रामाणिकता श्रेष्ठ अनुवाद के गुण हैं और केवल वैज्ञानिक ढंग से अनुवाद करने पर ही अनुवाद में ये दोनों गुण आ सकते हैं।

३.३ अनुवाद : एक शिल्प

कुछ विद्वानों के अनुसार आज अनुवाद की सामग्री इतनी तथ्यात्मक, सूचनात्मक और तर्कात्मक है कि वह एक शिल्प से आगे नहीं बढ़ता। विशेषकर पत्रकारिता, अर्थशास्त्र, राजनीतिशास्त्र तथा विज्ञान के क्षेत्र में आज जब तत्काल अनुवाद की माँग बढ़ गयी है और अनुवाद को यांत्रिक तत्परता से करना पड़ता है तो वह प्रायः एक शिल्प ही

रह जाता है।[५] कहीं-कहीं देखा गया है कि विशेष प्रतिभा के अभाव में भी अभ्यास के कारण कुछ लोग खूब अनुवाद कर लेते हैं, विशेषकर गैरसाहित्यिक विषयों का अनुवाद। ऐसे स्थलों पर अनुवाद एक शिल्प जैसा ही हो जाता है। परन्तु कई विद्वान् उसे मात्र शिल्प मानने के लिए तैयार नहीं हैं। इयान फिनले के अनुसार अनुवाद एक शिल्प (क्रेफ्ट) और कला दोनों है। उनके अनुसार भाषा के प्रयोग की जानकारी अगर शिल्पपरक पक्ष मात्र है तो अनुवाद का एक सृजनात्मक पक्ष भी है जो उसे एक कला बनाता है।

३.४. अनुवाद : एक वैज्ञानिक कला

अनुवाद एक कला, विज्ञान अथवा शिल्प है, इस प्रश्न का उत्तर देना यद्यपि आसान नहीं है तो भी उपर्युक्त चर्चा के निष्कर्ष रूप में कह सकते हैं कि अनुवाद एक विज्ञान एवं कला दोनों है। अन्य शब्दों में वह एक वैज्ञानिक कला है। अनुवाद को केवल एक सीमा तक ही शिल्प मान सकते हैं क्योंकि केवल अभ्यास से ही कोई सच्चा अनुवादक नहीं बन सकता। उसके लिए कलात्मक रुचि एवं सृजनात्मक क्षमता भी आवश्यक है। अनुवाद की प्रक्रिया पूर्ण रूप से वैज्ञानिक है, यह तो हम देख चुके हैं, परन्तु काव्यानुवाद में ही नहीं, वैज्ञानिक एवं तथ्यपरक अनुवाद में भी अनुवादक की कला का दर्शन होता है। तथ्यपरक अनुवाद में भी अनुवादक को कल्पना के प्रयोग की आवश्यकता पड़ेगी, लेकिन वह एक वैज्ञानिक ढंग की कल्पना होगी। इन सबके आधार पर हम कह सकते हैं कि अनुवाद एक वैज्ञानिक कला है। श्रेष्ठ अनुवाद के मानदंड के रूप में समतुल्य प्रभाव को मानने वाला सिद्धान्त[७] एवं 'गतिशील समतुल्यता' का सिद्धान्त[८] आदि यही दिखाते हैं कि एक आदर्श अनुवाद में वैज्ञानिक दृष्टिकोण एवं कलात्मक रुचि का उचित समन्वय होता है। चेक भाषा वैज्ञानिकों का 'स्थानापन एवं क्षतिपूर्ति का सिद्धांत'[९] भी यही दिखाता है कि समतुल्यता के वैज्ञानिक संतुलन के लिए सृजनात्मक तकनीकों के प्रयोग की आवश्यकता है। कई भाषा वैज्ञानिक तो अनुवाद को प्रायोगिक भाषा विज्ञान के अन्तर्गत मानते हैं। परन्तु जार्ज स्टीनर का कथन है कि अनुवाद तात्त्विक रूप से अनुप्रयुक्त भाषा विज्ञान नहीं है, वह तो साहित्य के सिद्धांत एवं प्रयोग का एक नया क्षेत्र है।[१०] उनके कथन का यही सार है कि अनुवाद, विज्ञान की यांत्रिक सीमाओं को छोड़कर साहित्यिक, कलात्मक एवं सौंदर्य तत्त्वपरक क्षेत्रों की ओर बढ़ता है। अतः ऐसा कहा जा सकता है कि अनुवाद के संबंध में अधिक यथार्थवादी दृष्टिकोण तो उसे एक वैज्ञानिक कला मानने में है। यंत्रानुवाद की संभावनाओं ने अनुवाद को एक विज्ञान साबित किया है परन्तु यांत्रिक अनुवाद की सीमाओं जैसे कलात्मक एवं सौंदर्यपरक तत्त्वों के अन्तरण की असमर्थता आदि ने यह भी साबित किया है कि वह विज्ञान मात्र नहीं है। अनुवाद को वैज्ञानिक कला मान लेने पर उसकी प्रक्रिया को वैज्ञानिक आधार पर परखना होगा। साथ ही उसमें अनुवादक के व्यक्तित्व एवं कलाधर्मिता को भी मान्यता देनी होगी और अनुवादक को एक वैज्ञानिक कलाकार के रूप में देखना

होगा। 'अनुवाद विज्ञान' नामक ग्रन्थ में भोलानाथ तिवारी लिखते हैं कि यों फिर इस बात पर बल देने की आवश्यकता है कि अनुवाद का यह विज्ञानपक्ष वास्तविक अनुवाद-क्रिया की पृष्ठभूमि में होता है, अनुवाद करने में नहीं :[११] जहाँ तक अनुवाद के कार्य का प्रश्न है, वह एक वैज्ञानिक सिद्धान्त मात्र नहीं है, उसके लिये अनुवाद की कला की आवश्यकता है। संक्षेप में कह सकते हैं कि पृष्ठभूमि का विज्ञान पक्ष एवं प्रयोग की कलाधर्मिता मिलकर अनुवाद को एक वैज्ञानिक कला बना देते हैं।

●

४. अनुवाद के प्रकार

विषय-वस्तु एवं प्रकृति की दृष्टि से अनुवाद का वर्गीकरण किया जा सकता है।

४.१. विषय-वस्तु की दृष्टि से – विषय-वस्तु की दृष्टि से दो प्रकार से अनुवाद का विभाजन किया जा सकता है-साहित्यिक अनुवाद एवं साहित्येतर अनुवाद। साहित्यिक अनुवाद के अन्तर्गत प्रमुख रूप से काव्यानुवाद, नाटकानुवाद, कथा साहित्य का अनुवाद तथा अन्य गद्यरूपों-जीवनी, आत्मकथा, निबन्ध, आलोचना, रेखाचित्र आदि का अनुवाद आता है। साहित्येतर अनुवाद के अन्तर्गत वैज्ञानिक/तकनीकी अनुवाद, वाणिज्यानुवाद, मानविकी एवं समाजशास्त्रीय विषयों का अनुवाद, संचार-माध्यमों के लिये अनुवाद, प्रशासनिक एवं कानूनी अनुवाद आदि संलग्न हैं। इस वर्गीकरण को इस प्रकार दिखाया जा सकता है-

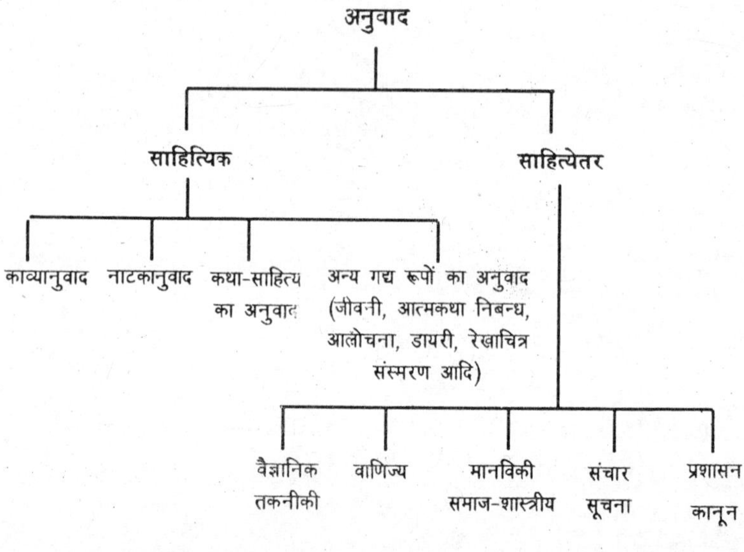

अक्सर साहित्यिक अनुवाद को शैलीप्रधान अनुवाद एवं साहित्येतर अनुवाद को विषय प्रधान अनुवाद कहा जाता है। मोटे तौर पर इन दोनों प्रकार के अनुवादों के अन्तर को निम्न प्रकार से स्पष्ट किया जा सकता है-

साहित्यिक अनुवाद	साहित्येतर अनुवाद
(१) वैयक्तिक, कलापरक, आलंकारिक शैली	निर्वैयक्तिक, अनालंकारिक, वस्तु-निष्ठ शैली
(२) अर्थ के नष्ट होने की संभावना ज्यादा	अर्थ के नष्ट होने की गुंजाइश कम।
(३) भावानुवाद महत्त्वपूर्ण	शब्दानुवाद प्राय: आवश्यक।
(४) पारिभाषिक शब्द अनिवार्य नहीं	पारिभाषिक शब्द अनिवार्य
(५) पुन: सृजन आवश्यक	पुन: सृजन अनिवार्य नहीं
(६) घटाया-बढ़ाया जा सकता है	घटाना-बढ़ाना प्राय: असंभव
(७) परिनिष्ठित/आंचलिक/ग्रामीण/ अभिव्यंजनापरक भाषा।	परिनिष्ठित, सूचनापरक भाषा
(८) अनुभूति, रसात्मकता/समतुल्य प्रभाव आवश्यक।	पठनीयता, प्रामाणिक, अर्थस्पष्टता, बोधगम्यता पर्याप्त

आगे हम साहित्यिक एवं साहित्येतर अनुवाद के प्रमुख रूपों के सैद्धान्तिक पक्ष पर संक्षेप में विचार करेंगे।

४.१.१. साहित्यिक अनुवाद

साहियित्क अनुवाद में यद्यपि उपर्युक्त सामान्य तत्त्व सर्वत्र मिल जायेंगे तो भी रूप भेद के अनुसार अनुवाद की प्रकृति भी भिन्न हो जाती है। अत: साहित्यिक अनुवाद के स्वरूप की चर्चा प्रमुख विधाओं के संदर्भ में करनी पड़ेगी।

४.१.१.१ काव्यानुवाद - "काव्यानुवाद असंभव है" इस कथन के बावजूद विश्वभर में अनेक श्रेष्ठ काव्यानुवाद हुए हैं और होते रहते हैं। यह भी उल्लेखनीय है कि विश्व के अनेक श्रेष्ठ कवियों ने काव्यानुवाद किये हैं और अनेक भाषाओं की श्रेष्ठ रचनाएँ भी मात्र काव्यानुवाद हैं।

काव्यानुवाद पूर्णत: पुन: सृजन की प्रक्रिया है। इसी कारण से काव्यानुवाद कभी व्याख्या, टीका, रूपान्तरण, छाया, प्रतिध्वनि, भाषान्तरण आदि हो जाता है। अनुवाद के डच विद्वान जइम्स होल्म्स के अनुसार अनुवाद मूलत: एक व्याख्या है और किसी कविता का अनुवाद वास्तविक काव्यानुवाद से लेकर अन्य भाषा में लिखित उसी पर आधारित कविता या आलोचना तक हो सकता है। होल्म्स[१] के प्रारूप को स्वीकार करते हुए काव्यानुवाद के प्रकारों को निम्न प्रकार से दिखाया जा सकता है-

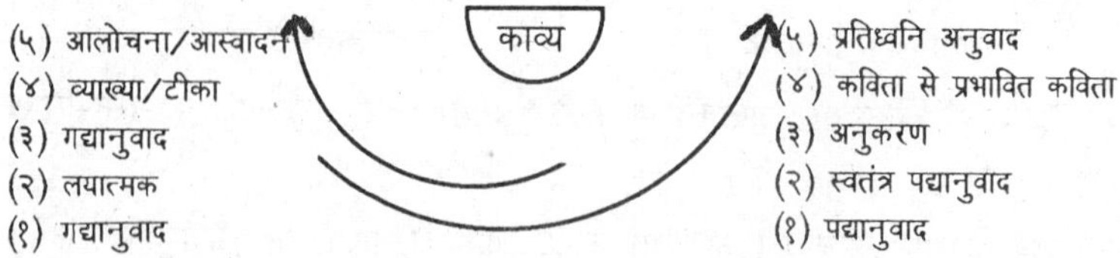

इनमें से पद्यानुवाद, लयात्मक गद्यानुवाद एवं गद्यानुवाद वास्तविक काव्यानुवाद के रूप हैं। स्वतंत्र पद्यानुवाद, अनुकरण, कविता से प्रभावित कविता एवं प्रतिध्वनि अनुसृजन के रूप हैं जब कि व्याख्या, टीका, आलोचना, आस्वादन आदि गद्य में व्याख्या के रूप हैं। जो भी हो, कविता एक संश्लिष्ट कलात्मक रूप है और उसका अनुवाद इसलिये अनेक रूप-प्रकारों में हो सकता है। यही नहीं, एक ही कविता का विभिन्न कवियों द्वारा किया गया अनुवाद प्रायः स्वतंत्र रचनाएँ होंगी। यह सब दिखाता है कि कविता का अनुवाद कलात्मक पुनः सृजन की प्रक्रिया है।

कविता के अनुवाद या पुनः सृजन के लिये मूल के सृजन की मनोभूमि को पकड़ना आवश्यक है। इसके लिये मूल कवि की आत्मा में प्रवेश करना पड़ता है। यह काम एक अत्यंत संवेदनशील-अनुवादक ही कर सकता है जो स्वयं में या तो कवि हो या कम से कम कवि-हृदय रखता हो। इसीलिये प्रायः कहा जाता है कि काव्य का सफल अनुवाद कवि द्वारा ही हो सकता है। कविता एक ऐसी संरचना है जिसे एक ही भाषा में भी अन्य शब्दों में कहने पर उसका सौंदर्य नष्ट हो जाता है। इसलिये काव्यानुवाद में शब्दानुवाद से काम नहीं चलता, प्रायः भावानुवाद या नवीन सृजन आवश्यक ही जाता है। हिन्दी के प्रसिद्ध अनुवादक बच्चन अपनी मौलिक कविताओं से बढ़कर अपने काव्यानुवादों में सफल निकले हैं। इसके रहस्य का उद्घाटन उन्होंने 'उमरखय्याम की रुबाइयात' की भूमिका में किया है। वे लिखते हैं-'अपने अनुवाद के विषय में मुझे केवल यह कहना है कि मैं शब्दानुवाद करने के फेर में नही पड़ा। भावों को ही मैंने प्रधानता दी।''[२] प्रकारान्तर से बच्चन जी के लिए अनुवाद मौलिक सृजन जैसा ही है। विशिष्ट कवियों की विशिष्ट मनःस्थितियाँ ही उनकी कविताओं की आधारशिला हैं। अनुवादक को मूल कवियों की भावना को पकड़कर नवीन सृजन करना होता है, तभी अनुवाद ज्यादा सफल होता है। श्री अरविन्द के अनुसार काव्यानुवाद का कार्य मूल के शब्दों को अनुवाद में उतारना मात्र नहीं है, बल्कि उसके बिंब, काव्य-सौंदर्य एवं शैली की विशेषताओं की भी पुनर्रचना करना है।[३]

प्राचीन काव्यों का नवीन अनुवाद एवं एक ही विशिष्टकृति के अनेक अनुवाद अक्सर अनिवार्य माना गया है। प्रायः एक ही कृति के अनेक अनुवादों में सफाई, दक्षता एवं बारीकी बढ़ती जाती है। उमरखैयाम की रुबाइयात के पं० केशवप्रसाद पाठक, मैथिलीशरण

गुप्त, सुमित्रानन्दन पन्त एवं बच्चन के द्वारा किये गये अनुवाद इसके अच्छे उदाहरण हैं। आलोचना के कारण भी नवीन अनुवादों का जन्म होता है। भिन्न-भिन्न कालों में श्रेष्ठ रचनाओं में भिन्न-भिन्न अर्थ महत्त्वपूर्ण हो जाते हैं। इसके लिए तिलक, गाँधी, आदि द्वारा किये गये गीता के राजनीति प्रेरित अनुवाद एवं बच्चन के 'नागर गीता' एवं 'जनगीता' की नवीन प्रेरणाएँ दृष्टव्य हैं। प्रसिद्ध रूसी कवि लेख ओज़िरोव[४] का कथन है कि युगानुरूप श्रेष्ठ काव्यों का नवीन अनुवाद नये ऐतिहासिक एवं साहित्यिक अनुभवों के कारण आवश्यक हो जाता है। काव्यानुवाद का पुराना दृष्टिकोण प्रमुख रूप से नवीन सृजन पर बल देता था जबकि आधुनिक दृष्टिकोण मूल का सौंदर्य घटक, वर्णित जीवन यथार्थ एवं कलात्मकता को प्रामाणिक रूप से अनुवाद में उतारने पर बल देता है। प्रामाणिकता एवं कलात्मकता की सिद्धि के लिए रूस जैसे देशों में भाषा विशेषज्ञ द्वारा पहले काव्य का पंक्ति बद्ध अनुवाद किया जाता है और तत्पश्चात् किसी कवि द्वारा उसका सहज काव्यानुवाद प्रस्तुत किया जाता है। आकाशवाणी के कुछ राष्ट्रीय कार्यक्रमों में कविताओं के अनुवाद में यही प्रक्रिया अपनायी जाती है।

काव्यानुवाद का सबसे विवादास्पद पहलू अनूदित रचना के काव्य रूप के सम्बन्ध में है। कई अनुवादक तो इसी में विश्वास करते हैं कि मूल जैसे या मूल के समान छन्दों में ही अनुवाद किया जाना चाहिए। रामचरितमानस का अकादमिश्यन वारान्निकोव द्वारा किया गया रूसी अनुवाद मूल जैसे दोहा-चौपाई एवं अन्य छन्दों में है। कई अनुवादक छन्दोबद्ध अनुवाद की अपेक्षा गद्यानुवाद को ही पसन्द करते हैं। ई० वी० रियू जैसे अनुवादक लयात्मक गद्य के पक्षधर हैं। कई विद्वानों के अनुसार भारतीय भाषाओं के काव्यों के अनुवाद के लिए टैगोर द्वारा गीतांजली के अनुवाद में प्रयुक्त मुक्त छंन्द एक अच्छा नमूना हो सकता है। जो भी हो, मूल की सूक्ष्म लय एवं संगीत को स्रोत पाठ में भी लाने का प्रयास काव्यानुवादक को करना चाहिए, इसमें दो राय नहीं है। हायकू जैसे विशिष्ट काव्यरूपों के अनुवाद में मूल काव्यरूप की पंक्तियों, अक्षर, शब्दावली आदि तक पर ध्यान देना आवश्यक है। अज्ञेय एवं माचवे द्वारा किये गये हायकू के अनुवाद इसके लिए द्रष्टव्य हैं। मूल भाषा से सीधे अनुवाद करने पर काव्यरूप एवं छन्द लय पर ध्यान रखना आसान हो जाता है। लेकिन कभी-कभी अनुवादों पर निर्भर अनुवाद किया जाता है और मूल की लय का आभास भी अनुवाद में आ नहीं पाता। उदाहरण के लिए 'एक सौ एक सोवियत कविताएँ' (अनु० रमेश कौशिक, दिल्ली, १९७५) नामक ग्रन्थ की कविताएँ चार भाषान्तरणों से होकर गुजरती हैं जिनकी स्थिति इस प्रकार है-

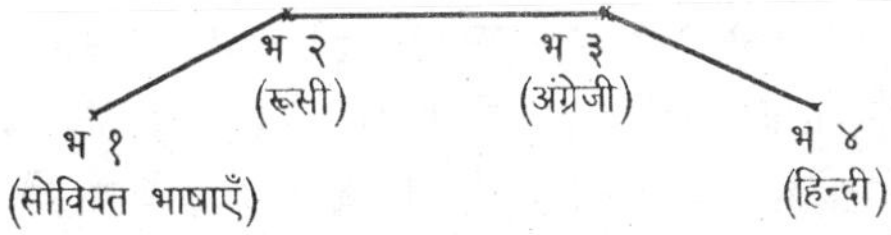

उक्त भाषान्तरणों के बीच मूल की लय लगभग समाप्त हो जाती है और गद्यात्मक अनुवाद एक रस सा लगने लगता है। उचित तो यही है कि भाव को दृष्टि में रखकर लय को उसी के अनुरूप बाँधा जाय। पन्तजी ने हर छन्द को एक विशिष्ट भावना का वाहक बताया है। शायद यही एक महत्त्वपूर्ण बिन्दु है जो कविता के अनुवाद में अनुसृजन अथवा रसात्मक मौलिक सृजन का सा आभास देने वाली कवि प्रतिभा की माँग करता है।

काव्यानुवाद की सबसे जटिल समस्या मूल की शैली है जिसके निर्माण में काव्यपरंपरा मिथक, आलंकारिक प्रयोग आदि का हाथ रहा है। प्रभाकर माचवे" जैसे अनुवादकों के अनुसार शैली की दृष्टि से मूल के जितने निकट जा सकें, वैसा करना चाहिए। उनके अनुसार मूल की मुक्त छन्द शैली को, यहाँ तक कि पूर्णविराम, अल्पविराम आदि चिह्नों को भी जहाँ तक हो सके, अनुवाद में ज्यों का त्यों रखना चाहिए। काव्य भाषा की दृष्टि से अनुवादक को अपने युग के काव्य के मुहावरे को पकड़ना भी जरूरी है जिससे कि पाठकों के लिए वह अधिक ग्राह्य हो सके। काव्य-भाषा का बुनियादी तत्त्व शब्द होता है और शब्द की अर्थ ध्वनि एवं नाद सौंदर्य पर अनुवादक को पूरा ध्यान रखना पड़ता है।

४.१.१.२. **नाटकानुवाद** – काव्य के अभिनेय प्रकार को नाटक कहा जाता है। भरत मुनि के अनुसार रस ही नाटक का मूल तत्त्व है और नाटकानुवाद में भी अभिनय एवं रस का ही विशेष महत्त्व होता है। यों तो नाटकानुवादों को रूपान्तर (एडप्टेशन), सारानुवाद, भावानुवाद, पराश्रयी रचनाएँ, अनुकरण आदि कोटि में रखे जाते हैं परन्तु सामान्य रूप से नाटकानुवादों को पाठ्यानुवाद और मंचीय अनुवाद इन दो कोटियों में विभाजित करना अधिक समीचीन रहेगा। पाठ्यानुवाद किसी भी नाटक के पाठ का शब्दानुसारी या वाक्यानुसारी अनुवाद मात्र होता है जबकि मंचीय अनुवाद अभिनय, रस, एवं प्रभाव को दृष्टि में रखकर एक तरह का अनुसृजन होता है। स्पष्ट है कि इस प्रकार के अनुवाद के लिए अनुवादक में नाट्य लेखन की क्षमता भी मौजूद होनी चाहिए। रंगमंच के लिए मंचीय अनुवाद का विशेष महत्त्व होता है और कभी-कभी पाठ्यानुवाद के आधार पर नया मंचीय अनुवाद तैयार करना पड़ता है। अन्य भाषाओं के नाटकों को मंच पर प्रस्तुत करते समय ऐसा परिवर्तन प्रायः आवश्यक हो जाता है।

नाटकानुवाद की सबसे बुनियादी समस्या सांस्कृतिक परिवेश के अन्तरण की है। परिवेश के अन्तर के कारण ही कभी-कभी एक भाषा का सफल रंगमंचीय नाटक अनुवाद में उतना सफल नहीं निकल पाता। गहरे में व्यंजित अर्थ, अर्थ के आयाम, हास्य-व्यंग्य आदि सांस्कृतिक परिवेश से अभिन्न रूप से जुड़े रहते हैं। इस संबंध में नाट्यानुवाद की दो प्रवृत्तियाँ लक्षित होती हैं। एक तो भारतेन्दु, जी० पी० श्रीवास्तव आदि पुराने नाटककारों में लक्षित होने वाली प्रवृत्ति है जिसमें स्रोत भाषा के परिवेश को अनुवाद

में लक्ष्य भाषा के परिवेश से स्थानापन्न किया जाता है। भारतेन्दु ने 'मर्चेन्ट आफ वेनिस' नामक शेक्सपियर के नाटक के अनुवाद में (दुर्लभ बंधु १८८०) भारतीय वातावरण उपस्थित करते हुए वेनिस को वंशपुर, एण्डोनिया को अनन्त, पोर्शिया को पुरश्री, शैलाक को शैलाक्ष, ईसाई को हिन्दू और यहूदी को जैन बना दिया था। स्वयं भारतेन्दु का यह अनुवाद बंगला में प्यारीलाल मुखोपाध्याय द्वारा प्रकाशित 'सुरलता नाटक' (१८७७) नामक अनुवाद पर आधारित है। ऐसा लगता है कि पारसी रंगमंच के प्रभाव के कारण पाश्चात्य नाटकों का अनुवाद करते समय उनका परिवेश, पात्र, कथावस्तु आदि का भारतीयकरण किया जाने लगा। वैसे तो सभी भारतीय भाषाओं में यह प्रवृत्ति दिखाई पड़ती है, लेकिन बंगला और हिन्दी में यह विशेष रूप से उभरी। जी० पी० श्रीवास्तव ने मोलियर के फ्रेंच नाटकों के अनुवाद में हास्य-व्यंग्य की अभिव्यक्ति समान भारतीय स्थितियों की अभिव्यक्ति द्वारा किया है। उनके 'नाक में दम', 'मियाँ की जूती मियाँ के सिर पर' आदि अनुवादों में फ्रेंच वातावरण नहीं के बराबर है। एक अन्य दृष्टिकोण के अनुसार नाटक के सांस्कृतिक परिवेश के संप्रेषण में मूल की संस्कृति के तत्त्वों की रक्षा लक्ष्य भाषा की सहजता को दृष्टि में रखकर यथासंभव आवश्यक है। यह वास्तव में एक मध्यमार्ग ही है जिसमें पाठ की नाटकीय अन्विति एवं मूल सांस्कृतिक तत्त्वों के बीच एक सन्तुलन बिठाने का प्रयास किया जाता है। यही नाट्यानुवाद में पुनः सृजन की प्रक्रिया है। समकालीन भारतीय नाट्यानुवादक इसी विचारधारा से प्रेरित होकर कलात्मक नाटकानुवाद प्रस्तुत कर रहे हैं।

नाटकानुवाद की भाषिक सफलता उसके संवादों के प्रभावपूर्ण अनुवाद पर निर्भर है। नाट्य भाषा की प्रमुख विशेषताएँ हैं-सरलता एवं तीव्र संवेदन-क्षमता। अनुवाद की भाषा में भी ये दोनों गुण अत्यन्त अनिवार्य हैं। नाट्यानुवाद में पात्रानुकूल भाषा-शैली के परिवर्तन पर अनुवादक को विशेष ध्यान देना पड़ता है। नाट्य भाषा अक्सर शिष्ट भाषा एवं अनौपचारिक जनभाषा का समन्वित रूप होती है और अनुवाद को जीवंत बनाने के लिए मूल के इस मिश्रण की कला की पहचान एवं लक्ष्य भाषा की शैलियों एवं जीवंत मुहावरों के प्रयोग की क्षमता आवश्यक है। शब्द पर ही नाट्य संवाद का बल रहता है, उसमें शब्दालंकारों से बढ़कर अर्थ की संप्रेषणीयता पर अनुवादक को ध्यान देना पड़ता है। अर्थालंकार, बिंब एवं प्रतीकों के प्रयोग पर अनुवादक को सावधान रहने की आवश्यकता है। वाक्य का नाटकीय प्रभाव अत्यन्त महत्त्वपूर्ण है इसलिए वाक्य रचना को प्रवाहपूर्ण एवं गतिशील बनाये रखना आवश्यक है। यहाँ तक कि छन्दों के अनुवाद में भी नाट्य प्रभाव का पूरा ख्याल रखना पड़ता है। बच्चन के मेकबेथ (१९६७) प्रतिभा अग्रवाल द्वारा किया गया बादल सरकार के 'एवं इंद्रजित' के काव्यांशों में अनुवाद आदि छन्दों के नाट्यानुकूल अनुवाद के नमूने हैं। छन्दों का नीरस गद्यानुवाद नाटकीयता को वहन करने में प्रायः सफल नहीं हो पाता।

स्रोत एवं लक्ष्य भाषाओं की नाट्य परंपराओं की भिन्नता भी अनुवाद में कठिनाइयाँ उपस्थित करती है। पाश्चात्य नाटकों के भारतीय भाषाओं में अनुवाद में और भारतीय नाटकों के पश्चिमी भाषाओं में अनुवाद में यह समस्या विशेष रूप से उत्पन्न होती है। रंगनिर्देश, नाटकीय औपचारिकताएँ, लोकरंग-मंच की युक्तियों का प्रयोग आदि के रूपान्तरण अनुवादक को अपनी कुशलता एवं सजगता का परिचय देना होता है। पाश्चात्य क्लासिकी नाटकों के मंचीय अनुवाद एवं प्रस्तुति में अल्काजी तथा अन्य कई भारतीय निर्देशकों एवं अनुवादकों ने भारतीय रंगमंचीय परंपराओं का भी समावेश करके नाट्य प्रस्तुति में युगान्तर उपस्थित किया है। इससे यह भी सिद्ध होता है कि सफल मंचीय अनुवाद, मंचशिल्पी, निर्देशक एवं अनुवादक के सम्मिलित प्रयत्न, प्रयोग एवं अनुभव से ही संभव है।

नाटक की सफलता भाव एवं रस की व्यंजना पर निर्भर है। नाटकानुवाद की कला की सफलता भी इन्हीं तत्त्वों पर आधारित है। नाट्यानुवाद में सृजनवत्ता और कला के तत्त्व ज्यादा और निरे शब्दानुवाद की गुंजाइश कम होती है। इसी कारण से श्रेष्ठ नाट्यानुवाद किसी भी साहित्य का अभिन्न अंग बन जाता है। हिन्दी में राजा लक्ष्मण सिंह की 'शकुन्तला' (१८६३) भारतेन्दु हरिश्चन्द्र के कर्पूर मंजरी, मुद्राराक्षस, रत्नावली आदि अनुवाद, बँगला से रूपनारायण पांडेय, प्रतिभा अग्रवाल आदि के अनुवाद तथा मराठी से तेन्दुलकर आदि के अनुवाद हिन्दी नाट्य साहित्य के अभिन्न अंग हो गये हैं। इन सब नाट्यानुवादों की सफलता का कारण सृजनवत्ता ही है। वैसे तो प्रेमचन्द ने गालस वर्दी का (१९३०, ३१), लक्ष्मीनारायण मिश्र ने इब्सन का राजेन्द्र यादव ने चेखव का (१९५८) अनुवाद करके यह सिद्ध किया है कि नाट्यानुवाद मौलिक लेखन जैसा ही महत्त्वपूर्ण सृजनात्मक कार्य है। यह भी ध्यान देने योग्य है कि नाट्यानुवाद के कारण ही हिन्दी में एक राष्ट्रीय रंगमंच की संभावनाएँ विकसित हुई हैं।

४.१.१.३. **कथा साहित्य का अनुवाद** – कथा साहित्य-उपन्यास और कहानी-भाषा की सीमाओं को आसानी से तोड़ता है। इसका कारण यही है कि अन्य भाषाओं के श्रेष्ठ कथा साहित्य के अनुवाद की बहुत माँग रहती है। बंकिम, शरत्, ताराशंकर, विमल मित्र, विभूतिभूषण, खंडेकर, धूमकेतु, मुंशी, कृष्णचन्दर, बेदी, अमृताप्रीतम आदि उपन्यासकार अनुवाद के माध्यम से पूरे देश में पहुँच गये हैं। इसी तरह तालस्ताय, तुर्गनेव, दास्तोवस्की, जोला, बाल्जाक, टैगोर, प्रेमचन्द, तकषी आदि कथाकार अपनी भाषाओं की सीमा को लाँघकर विश्व भर में प्रिय हो चुके हैं। वास्तव में कथा साहित्य के अनुवाद ने ही विश्व साहित्य की परिकल्पना को साकार बना दिया है। जैसा कि पहले उल्लेख कर चुके हैं, पंचतंत्र आदि का अनुवाद करते-करते पश्चिम ने मौलिक कथा-साहित्य लिखना सीखा था। उसी तरह पश्चिमी उपन्यास का अनुवाद करते-करते भारत ने अपनी उपन्यास कला विकसित की थी।

कथा साहित्य की विशिष्टता कथा तत्त्व और उसके कहने की शैली पर निर्भर है। आधुनिक उपन्यासों की शिल्प-रचना ही अत्यन्त सूक्ष्म एवं जटिल होती है। उपन्यास और कहानी के अनुवाद में शैली और शिल्प की सूक्ष्मताओं अर्थ-छायाओं, कथाकार का व्यंग्य, प्रतीकात्मक एवं काव्यात्मक प्रयोग आदि पर बहुत अधिक ध्यान देना पड़ता है। शैली एवं शिल्प के सूक्ष्म तत्त्वों के अध्ययन के लिए मूल लेखक की अन्य रचनाओं तथा उसके व्यक्तित्व से भी परिचित होना कभी-कभी आवश्यक होता है। लेखक के सामाजिक एवं दार्शनिक चिंतन की पृष्ठभूमि को समझना भी अत्यन्त आवश्यक है। सामाजिक एवं दार्शनिक उपन्यासों के संदर्भ में अनुवादक का काम भी जटिल बन जाता है। दार्शनिक, मिथकीय परिकल्पनाओं एवं परिभाषिक एवं सांकेतिक शब्दों की अर्थ छटाओं का संकेत भी अनुवादक को देना होगा। उपन्यास-कला एवं शिल्प-विधान का अच्छा ज्ञान अनुवादक के लिए सहायक होगा। यह सब दिखाता है कि कथा साहित्य का अनुवाद उतना आसान कार्य नहीं है बल्कि उसमें अनुवादक को एक कलात्मक दायित्व निभाना होता है।

कथा साहित्य के अनुवाद में देश काल और संस्कृति का विशेष महत्त्व होता है। इस संबंध में प्रभाकर माचवे लिखते हैं-"पहले से ही यह मानकर चलना पड़ता है कि अनुवादक को दोनों भाषाओं पर पूर्ण अधिकार होने के साथ-साथ मूल संस्कृति में वर्णित पात्रों तथा घटनाओं के माध्यम से अभिव्यक्त किये गये सांस्कृतिक तथा आस्था सम्बन्धी प्रत्यादर्शों से परिचित होना आवश्यक है। अनुवादक अथवा रूपान्तरकार प्रायः मूल रचना में वर्णित स्थितियों के लिए लगभग उनसे मिलती-जुलती स्थितियों का वर्णन कर देते हैं और यहाँ तक कि अनुवाद करते समय मूल कृति में आये नामों और रीति रिवाज़ों के वर्णनों में भी परिवर्तन कर देते हैं। अनुवाद सम्बन्धी ये पद्धतियाँ अनुवाद की प्रमुख समस्या का समाधान तो करती नहीं बल्कि समस्या से पलायन ही कराती है।"[६] चूँकि कथा साहित्य जनजीवन का चलता हुआ छायांकन होता है, इसलिए जनता के रीति-रिवाज़, जीवन मूल्य, आस्थाएँ, त्योहार-पर्व, परिवेश, वनस्पतियाँ, सांस्कृतिक स्थान एवं वस्तुएँ आदि का भी उसमें विशिष्ट महत्त्व होता है। ऐसे स्थानों पर शब्दानुवाद या यांत्रिक ढंग के अनुवादक की अपेक्षा ऐसे अनुवाद की आवश्यकता होती है जो स्रोत भाषा की संस्कृति एवं परिवेश को लक्ष्य पाठ में पुनः सृजन द्वारा प्रत्यक्ष करा सके। अन्य भाषाओं के कथा साहित्य के अध्ययन में वहाँ की सांस्कृतिक विशिष्टताओं का ज्ञान भी निहित रहता है, इसलिए सांस्कृतिक विशिष्टताओं का अन्तरण अनिवार्य है। परन्तु इस प्रक्रिया में सहजता हो, इसका भी ध्यान रखना आवश्यक है क्योंकि कथा साहित्य का अध्ययन मूलतः सांस्कृतिक ज्ञान के लिए नहीं बल्कि कथा-रुचि के कारण ही होता है। सांस्कृतिक विशिष्टताओं का ज्ञान आनुषंगिक, किन्तु महत्त्वपूर्ण उपलब्धि है जो पाठक के सांस्कृतिक क्षितिज को विकसित करता है।

कथा साहित्य के अनुवाद में भाषा की जटिल समस्याएँ नाना प्रकार से सामने

आती हैं। पात्र नामों के मूल उच्चारण एवं लक्ष्य भाषा में अनुलेखन से लेकर आंचलिक शब्द प्रयोगों के लिए समान शब्दों के चुनाव तक की समस्याएँ भाषा की समस्याएँ ही हैं। पात्रनामों के अनुलेखन में रूसी, फ्रेंच आदि भाषाओं से भारतीय भाषाओं में अनुवाद करते समय समस्याएँ विशेष रूप से उत्पन्न हो जाती हैं। उदाहरण के लिए रूसी में प्रत्येक नाम का लघु रूप भी है जो अक्सर मूल से किंचित भिन्न होता है-

जैसे -
न्यूरा - अन्ना का लघु रूप
सोन्या - सोफ्या का लघु रूप
बान्या - इवान का लघु रूप
वीत्या - विक्तर का लघु रूप
भाषा - मरीया का लघु रूप
मीषा - मिखाइल का लघु रूप।

पहले नाम में कुछ अतिरिक्त आत्मीयता एवं प्यार की भावना जुड़ी रहती है जिसे भारतीय भाषाओं द्वारा सूचित करना कठिन होता है। नदी, पहाड़, स्थान एवं व्यक्ति नामों के लिप्यंतरण और ध्वन्यनुकूलन की समस्याएँ इस दृष्टि से महत्त्वपूर्ण हैं कि पाठक अक्सर इन नामों के अजनबीपन से परेशान हो जाते हैं। इसलिए जहाँ तक हो सके इन नामों को स्रोत भाषा की ध्वनि के अनुकूल बनाना आवश्यक है। वारान्निकोव[*] जैसे रूसी विद्वानों को शिकायत है कि अंग्रेज़ी से भारतीय भाषाओं में अनूदित रूसी उपन्यासों में व्यक्तिनाम बड़े अटपटे और अजनबी बन गये हैं। उनका सुझाव है कि मूल रूसी के इन नामों का लिप्यंतरण किया जाय तो ज्यादा प्रामाणिक और सहज होगा। आंचलिक शब्दों, स्थानीय रंग से युक्त मुहावरों आदि के अनुवाद की कठिनाइयाँ आंचलिक उपन्यासों में ही नहीं अन्य तरह के उपन्यासों में प्रायः मिलती हैं। आंचलिक शब्दावली के लिए उपर्युक्त समान आंचलिक प्रयोगों की तलाश अनुवादक की भाषिक क्षमता के लिए एक चुनौती है। कथा-साहित्य की भाषा जनभाषा के करीब होती है। हिन्दी में कथा साहित्य की भाषा अक्सर उर्दू के पास पहुँच गयी है। भाषा-शैली की इन परम्पराओं और जीवंत मुहावरों को पकड़ना भी अनुवाद की सफलता एवं पढ़नीयता के लिए अनिवार्य है। कथा साहित्य की कला प्रायः उसकी सृजनात्मक भाषिक संरचना पर निर्भर है। श्री अमृतराय श्याम भटनागर को लिखे एक पत्र में अनुवादक के लिए भाषा के सृजनात्मक प्रयोग की आवश्यकता पर बल देते हुए लिखते हैं-"ऐसा कि भाषा उसके हाथ में कुम्हार की मिट्टी की तरह हो। केवल किताबी भाषा नहीं, भाषा के मुहावरेदार प्रयोग की जानकारी"। स्पष्ट है भाषा के इस सृजनात्मक प्रयोग की क्षमता पर ही कथा साहित्य की कलात्मकता निर्भर है।

४.१.०.४. अन्य गद्य विधाओं का अनुवाद

उपन्यास-कहानी के अतिरिक्त जो अन्य गद्य विधाएँ हैं-जैसे आत्मकथा, जीवनी,

निबन्ध, यात्रासाहित्य, रेखाचित्र, रिपोर्ताज, डायरी, संस्मरण और आलोचना-उनके अनुवाद की अनन्त संभावनाएँ हैं। परन्तु अक्सर इनके अनुवाद के सैद्धान्तिक एवं व्यावहारिक पक्ष पर बहुत कम लोगों ने विचार किया है। आत्मकथा, डायरी आदि का अनुवाद गाँधी जी के कारण ही भारत में चल पड़ा था। उनकी आत्मकथा का पहले गुजराती से अंग्रेजी में और फिर अंग्रेजी से अन्य अनेक भाषाओं में अनुवाद किया गया। बेकन एवं चिपलूणकर के निबन्धों का अनुवाद द्विवेदी युग में ही हो गया था। पत्रकारिता एवं गाँधी युग की राजनीतिक गतिविधियों के साथ विचारात्मक निबन्धों एवं लेखों के अनुवाद की प्रवृत्ति चल पड़ी। रोम्या रोलाँ आदि के द्वारा लिखित गाँधी और विवेकानन्द की जीवनियाँ अनेक भाषाओं में अनूदित हुईं। आलोचना तथा अन्य लघु सृजनात्मक विधाओं के अनुवाद की प्रक्रिया कुछ ही समय पहले व्यापक रूप में चल पड़ी। उदाहरण के लिए रामवृक्ष बेनीपुरी की "माटी की मूरतें" नामक रेखाचित्र संग्रह का अनुवाद कई भाषाओं में साहित्य अकादमी द्वारा कराया गया और वह काफी लोकप्रिय बना।

चूँकि इन सृजनात्मक गद्य विधाओं का तन्त्र अलग-अलग है, इसलिए इनके अनुवाद में कोई एक फार्मूला तो नहीं निकाल सकते। इनमें से अधिकांश साहित्यिक रूप ऐसे हैं जिनमें विचार एवं अनुभूति की प्रामाणिक अभिव्यक्ति होती है। इसी प्रामाणिकता को अनुवाद में भी बरतना आवश्यक है। अर्थात् इन गद्यविधाओं में विचारों की तथ्यपरता एवं अनुभूति की कलात्मकता का जो समन्वय होता है, उसको अनुवाद में भी लाना होता है।

अन्य महत्त्वपूर्ण तथ्य यह है कि अधिकांश गद्य विधाएँ शैली-प्रधान होती हैं। सरलता एवं सादगी के साथ काव्यात्मक कल्पना-विस्तार भी इनकी भाषा में मिल सकता है। वैयक्तिकता की पूरी छाप के कारण ही ये विधाएँ शैली प्रधान बन जाती हैं। अतः शैली की विशिष्टता एवं छाप को अनुवाद में भी प्रतिफलित करना होता है। व्यक्तित्व के अनुकूल शब्दावली का प्रयोग अनुवाद में भी करना होता है। उदाहरण के लिये गाँधी जी और नेहरू की आत्मकथा के हिन्दी अनुवाद की शैली को लिया जा सकता है। गाँधी जी की आत्मकथा के अनुवाद में सरल बोधगम्य शैली एवं नेहरू जी की आत्मकथा के अनुवाद में फारसी उर्दू मिश्रित हिन्दुस्तानी शैली का प्रयोग अनुवादकों ने किया है। आलोचना की भाषा इसके लिए अपवाद है क्योंकि उसमें अनेक पारिभाषिक शब्द एवं तत्सम शैली आदि का प्रयोग प्रायः अनिवार्य होता है। परन्तु आज के सृजनशील आलोचक अपनी भाषा को इस तरह सृजनात्मक साहित्य के करीब रखते हैं कि उसके अनुवाद में सृजनात्मक साहित्य के अनुवाद से कम प्रयत्न नहीं करना पड़ता। विचारात्मक निबन्धों का अनुवाद कुछ सरल अवश्य हो सकता है, लेकिन ललित निबन्धों का अनुवाद पूर्णतः एक सृजनात्मक प्रक्रिया होगी। रेखाचित्र, संस्मरण, डायरी आदि विधाओं का अनुवाद भी सृजनात्मक कार्य ही है। गद्य काव्य जैसी विधाएँ तो काव्यानुवाद जैसी ही जटिल

समस्याएँ अनुवादक के सामने उपस्थित करती हैं। इसका एक कारण है इन विधाओं में व्याप्त ललित तत्त्व और दूसरा कारण है भाषा का काव्यमय, उच्छ्वासपूर्ण प्रवाह। शैली के इन्हीं गुणों को दृष्टि में रखकर अनुवाद करने पर ही ये विधाएँ सफल रूप से अनूदित हो पाती हैं और पाठकों को आकृष्ट करती हैं। यद्यपि पत्रकारिता के विकास के साथ ही ये नवीन विधाएँ भी विकसित हुई हैं, तो भी इनकी सृजनवत्ता पत्रकारिता की यांत्रिकता से परे गहन संवेदना एवं कलात्मक दृष्टि एवं शैली भंगिमा की अपेक्षा अनुवादक से करती है।

४.१.२. साहित्येतर अनुवाद

४.१.२.१ वैज्ञानिक एवं तकनीकी अनुवाद – विकसित एवं विकासशील दोनों ही तरह के देशों के लिए वैज्ञानिक एंवं तकनीकी अनुवाद की अत्यन्त आवश्यकता होती है। विकसित देशों ने इस दिशा में काफी ऊँचा स्तर प्राप्त किया है जबकि भारत जैसे विकासशील देशों में वैज्ञानिक एवं तकनीकी अनुवाद अभी प्रारम्भिक अवस्था में है। वैज्ञानिक अनुवाद भारत में विदेशी भाषाओं से भारतीय भाषाओं में तथा अन्य विदेशी भाषाओं से अंग्रेजी में करने की संभावनाएँ हैं। वैज्ञानिक एवं तकनीकी अनुवाद की परिभाषा यों की जा सकती है कि स्रोत भाषा में व्यक्त वैज्ञानिक एवं तकनीकी सूचनाओं का लक्ष्य भाषा में इस तरह अंतरण करना कि मूल की सूचनाएँ अनुवाद में भी नष्ट न हों।[८] दुनिया के विभिन्न राष्ट्रों के बीच वैज्ञानिक सूचनाओं का अंतरण अत्यन्त ही आवश्यक कार्य होने के कारण वैज्ञानिक एवं तकनीकी अनुवाद आधुनिक ज्ञान-विज्ञान की बुनियाद सा बन गया है।

साहित्यिक एवं वैज्ञानिक तकनीकी अनुवाद के बीच मूलभूत अंतर यह है कि साहित्यिक अनुवाद में प्रमुखता उसकी शैली, अभिव्यंजना, भाव-भंगिमा के लिए है जबकि वैज्ञानिक अनुवाद में अभिव्यक्त विचार ही प्रमुख है। 'वैज्ञानिक अनुवाद में 'कैसे' की अपेक्षा 'क्या' का अधिक महत्त्व है। यही विषय मुख्य है और शैली गौण। वैज्ञानिक पुस्तकों के पाठकों की रुचि केवल उसमें दी गयी सूचनाओं, संकल्पनाओं तथा तथ्यों तक ही सीमित रहती है।'[९] वैज्ञानिक एवं तकनीकी साहित्य का अनुवाद प्रायः वैज्ञानिक एवं तकनीकी विषय के विद्वानों एवं छात्रों के लिए ही होता है। उनके लिए महत्त्वपूर्ण तो केवल उसमें अभिव्यक्त विचार ही हैं। शैली पर बल केवल कुछ लोकप्रिय वैज्ञानिक तकनीकी रचनाओं के अनुवाद में होता है जो साहित्यिक कोटि में आने के कारण वैज्ञानिक तकनीकी सामग्री से भिन्न प्रकृति की रचनाएँ होती हैं। उनमें कल्पना एवं भावना का समावेश होने के कारण शैली की रंगीनी भी आ जाना स्वाभाविक है।

वैज्ञानिक तकनीकी अनुवाद में अनिवार्य शर्त यह है कि अनुवादक विषय का सम्यक् जानकार हो। इस कारण से वैज्ञानिक एवं तकनीकी विषयों में प्रशिक्षित व्यक्ति ही इस

तरह के अनुवाद कर पाते हैं। उसका क्षेत्र वास्तव में विशेषज्ञता का क्षेत्र हो जाता है। दुनिया में वैज्ञानिक तकनीकी अनुवादकों का जो विशिष्ट वर्ग विकसित हुआ है, उसका प्रमुख कारण यही विशेषज्ञता है। अनूदित सामग्री जितनी विशिष्ट होगी, अनुवादक को भी उतना ही विशेषज्ञ होना पड़ेगा। इसलिए हर वैज्ञानिक-तकनीकी विषय के लिये विशेष प्रशिक्षण प्राप्त व्यक्तियों की आवश्यकता है। भारत में दिल्ली का वैज्ञानिक अनुवादकों का संगठन (ISTA) तथा यूरोप के अनेक वैज्ञानिक तकनीकी अनुवादकों के संगठन ऐसे ही विशेषज्ञ अनुवादकों की सूची अपने पास रखते हैं। अभिव्यक्त विचारों की प्रामाणिकता इस तरह के अनुवादों का अनिवार्य तत्त्व है और प्रामाणिक अनुवाद तो केवल विषय के अधिकारी अनुवादक ही प्रस्तुत कर सकते हैं।

विषय ज्ञान की तरह महत्त्वपूर्ण है वैज्ञानिक अनुवाद की भाषा। वैज्ञानिक भाषा की सबसे बड़ी विशेषता तो उसकी वस्तुनिष्ठता एवं तथ्यपरकता है, यह तो स्वयं सिद्ध है। तकनीकी भाषा की प्रकृति को उसके तकनीकी शब्दों एवं मुहावरों से समझा जा सकता है। मनोविकारों एवं वैयक्तिकता का दुराव इस भाषा की विशेषता है जबकि साहित्यिक भाषा वैयक्तिकता एवं भावना की छाप लिये रहती है और आलंकारिकता का मोह उसमें किसी न किसी रूप में वर्तमान रहता है। साहित्यिक भाषा में अर्थ की संदिग्धता सम्भव है जबकि वैज्ञानिक तकनीकी अनुवाद में अर्थ की स्पष्टता एवं सुबोधता पर अत्यन्त बल रहता है। इसलिए सरल, सुबोध भाषा का प्रयोग वैज्ञानिक अनुवाद में अनिवार्य है।

वैज्ञानिक-तकनीकी अनुवाद की विशिष्टता पारिभाषिक शब्दों के कारण भी है। पारिभाषिक शब्द किसी विशिष्ट क्षेत्र में किसी विशिष्ट अर्थ या संकल्पना को अभिव्यक्त करने के लिए प्रयुक्त किये जाते हैं। इसलिए इनके अनुवाद में भी समस्याएँ उत्पन्न हो जाती हैं। वैज्ञानिक सूत्रों, संकेताक्षरों, एवं अन्तर्राष्ट्रीय शब्दावली का प्रयोग वैज्ञानिक अनुवादकों को बहुधा करना पड़ता है। अन्य तरह के पारिभाषिक शब्दों के निर्माण एवं अनुकूलन वैज्ञानिक-तकनीकी अनुवाद की सबसे बड़ी समस्या है। भारत में शब्दावली निर्माण के प्रारम्भिक कार्य हो चुके हैं। परन्तु इस शब्दावली के प्रयोग एवं उपयोगिता की समस्याएँ अभी हल नहीं हो पायी हैं। लोकप्रिय वैज्ञानिक साहित्य में पारिभाषिक शब्दावली की बहुलता नहीं होती लेकिन विशिष्ट वैज्ञानिक-तकनीकी विषयों के अनुवाद में विशिष्ट पारिभाषिक शब्दावली का प्रयोग आवश्यक होगा। जापान जैसे देशों में शब्द नुकूलन की प्रवृत्ति अधिक दिखाई पड़ती है। चूँकि विज्ञान की भाषा प्रमुखतः अन्तर्राष्ट्रीय होती जा रही है इसलिये लगता है कि भारत को भी शब्द-ग्रहण एवं अनुकूलन की दिशा में उदार नीति अपनानी होगी।

चूँकि वैज्ञानिक अनुवाद में स्पष्टता एवं बोधगम्यता अत्यन्त अनिवार्य है, इसलिये अनुवादक को हर प्रकार से अभिव्यक्त विचारों को सुबोध बनाने का प्रयास करना चाहिए।

इसके लिए पहली आवश्यक बात यह है कि संकल्पनाओं और विचारों को हू-ब-हू लक्ष्य पाठ में उतारने की आवश्यकता होते हुए भी शब्दानुवाद की प्रवृत्ति से बचा जाय। नियत अर्थ पर बल देने पर भी शब्दानुवाद की प्रवृत्ति से अनुवादक को बचना चाहिए। नहीं तो मूल के विचार अक्सर स्पष्ट रूप से अभिव्यक्त हो नहीं पाते। आवश्यक स्थलों पर व्याख्या, पादटिप्पणी आदि देकर तथ्यों को समझाना भी आवश्यक हो जाता है। यहाँ पर अनुवादक व्याख्याता बन जाता है। मूल की वाक्य-रचना का अंधानुकरण न कर स्रोत भाषा ही सहज अभिव्यक्तियों एवं वाक्य-विन्यास के अनुसार विचारों को गूँथने का कौशल भी वैज्ञानिक अनुवादक को होना चाहिये। युनेस्को के एक प्रकाशन में इस तथ्य पर विशेष जोर दिया गया है कि मूल की जो बातें मूल भाषा भाषी प्रदेश के विद्वानों के लिए स्पष्ट हों और लक्ष्य भाषा भाषियों के लिए स्पष्ट नहीं हों, उनको स्पष्ट बनाना अनुवादक का कर्तव्य है।[१०] अंग्रेजी तथा अन्य यूरोपीय भाषाओं की जटिल वाक्य रचना भी अनुवाद में दुरूहता का एक कारण बन जाती है। जहाँ तक भारतीय भाषाओं में इन विदशी भाषाओं से अनुवाद की समस्या है, वाक्य रचना की दृष्टि से सरलता एवं स्पष्टता का मानदंड ही अनुवादक को अपनाना चाहिए। संक्षेप में जिस अनुवादक में विषय-ज्ञान के साथ ही लक्ष्य भाषा की सहज गति हो, वही उत्तम तकनीकी अनुवाद कर पाता है।

४.१.२.२. **वाणिज्य-अनुवाद** - वाणिज्यानुवाद उन क्षेत्रों के लिए आवश्यक अनुवाद का प्रकार है जिनमें व्यापार, उद्योग धन्धे, फ़िल्म, विज्ञापन, बैंक, जहाजरानी, पर्यटन आदि समाहित हैं। ग्राहक को जहाँ किसी माल या संस्था की ओर आकर्षित करना हो तो कई भाषाओं में विज्ञापन एवं प्रचार सामग्री देने की आवश्यकता है। बैंक तथा विभिन्न तरह के व्यापार आदि की विशिष्ट शैलियाँ या प्रयुक्तियाँ होती हैं। अनुवादक को इस सामग्री को विभिन्न भाषाओं में लाना पड़ता है। हमारे बहुभाषा भाषी राष्ट्र के अन्दर तथा अंतर्राष्ट्रीय स्तर पर भी वाणिज्यानुवाद की बड़ी सम्भावनाएँ हैं।

वाणिज्यानुवाद का प्रमुख रूप विज्ञापन की कला में प्रकट होता है। चूँकि विज्ञापन का अपना समाज-मनोविज्ञान एवं सौंदर्यशास्त्र होता है, इसलिए अनुवाद में भी लक्ष्य भाषा भाषियों के मनोविज्ञान, परिवेश एवं सौंदर्यबोध का ख्याल रखना पड़ता है। जहाँ केवल वस्तुओं का विवरण एवं सूचनाओं को विभिन्न भाषाओं में देना होता है, वहाँ तो कोई विशेष समस्या नहीं होती। लेकिन जहाँ रेडियो, दैनिक पत्र, दूरदर्शन आदि के माध्यम से विभिन्न भाषाओं में विज्ञापनों का अनुवाद प्रस्तुत करना होता है, वहाँ पर अनुवादक की कलाधर्मिता भी आवश्यक हो जाती है। पर्यटन के क्षेत्र में द्विभाषियों की विशेष आवश्यकता होती है। यूरोप के कुछ देशों ने इस दिशा में खास प्रगति की है। भारत में पर्यटन की जो सम्भावनाएँ हैं, उसी तरह कई भाषाओं में प्रशिक्षित द्विभाषियों की भी आवश्यकता है। जहाजरानी एवं उड्डयन आदि अंतर्राष्ट्रीय स्तर पर चलने वाले

व्यापारिक कार्यों में भी विभिन्न भाषाओं में सूचनाओं, नियमावलियों, निर्देशों आदि का अनुवाद आवश्यक हो जाता है। फिल्म डबिंग का क्षेत्र भी अन्तर्राष्ट्रीय स्तर पर महत्त्वपूर्ण वाणिज्यानुवाद का एक क्षेत्र है। इसमें ध्वनि-संयोजन संवाद, एवं अंग-चालन में पूरा समन्वय आवश्यक है।

वाणिज्यानुवाद प्रमुख रूप से तकनीकी प्रकृति का होता है और इसके अनंत क्षेत्र हैं। प्रत्येक क्षेत्र में अनुवाद की सम्भावनाएँ भी बहुत हैं। परन्तु इनकी भाषा, शैलियाँ एवं प्रयुक्तियाँ एक दूसरे से भिन्न होने के कारण विशेष प्रशिक्षण प्राप्त अनुवादक ही इनमें सफल हो पाते हैं। विज्ञापन, फिल्म डबिंग आदि में मूल का अनुकरण करते हुए भी स्वतंत्र अभिव्यक्तियों को लाना समान प्रभाव लाने के लिए आवश्यक होगा। परन्तु अन्य अनेक तरह के व्यापारिक अनुवादों में और द्विभाषियों के कार्य में प्रामाणिकता एक अनिवार्य शर्त है। व्यावसायिक अनुवाद के कुछ क्षेत्रों में तो विशिष्ट तंत्र में भी प्रशिक्षण एवं अनुभव आवश्यक है जैसे फिल्म डबिंग में ध्वनि चित्र-समायोजन कार्य। दो भाषाओं में एक ही तथ्य को अभिव्यक्ति देते समय ओठ एवं उच्चारणावयवों की गति शब्दों की भिन्नता के कारण भिन्न हो जाती है। उनमें समंजन लाने के लिए काफी प्रयास करना पड़ता है। व्यावसायिक क्षेत्र के विशिष्ट शब्द, अभिव्यक्तियाँ आदि अनुवादकों के लिए समस्याएँ उत्पन्न करती हैं। चूँकि प्रशासन एवं कानून से भी इसका संबंध है, इसलिए कुछ तो पारिभाषिक शब्दों का अनुवाद भी इसमें होता है। विज्ञापन के अतिरिक्त, व्यावसायिक पत्र, सूचना सामग्री, निर्देश, उद्घोष, नामपट्ट तथा अन्य प्रशासनिक महत्त्व के कार्य भी इसमें समाहित हैं। बैंकों के राष्ट्रीयकरण के साथ ही जनभाषाओं के प्रयोग पर बल दिया जा रहा है और इस कारण से बैंकों में वाणिज्यानुवाद की सम्भावनाएँ बढ़ रही हैं। रेलवे आदि अन्य विभागों में भी वाणिज्यानुवाद का महत्त्व बढ़ता जा रहा है। बहुराष्ट्रीय कम्पनियों एवं संयुक्त राष्ट्र संघ, युनेस्को, विश्व बैंक आदि अन्तर्राष्ट्रीय संस्थाओं एवं अन्तर्राष्ट्रीय फिल्मोत्सवों के कारण भी वाणिज्यानुवाद का विकास होता जा रहा है।

४.१.२.३. मानविकी, समाजशास्त्रीय विषयों का अनुवाद

मानविकी, समाजशास्त्रीय विषयों के ग्रंथों का अनुवाद प्रमुख रूप से शैक्षणिक आवश्यकताओं को दृष्टि में रखकर किया जाता है। इन विषयों के अनुवाद में भी अनुवादक का सम्बन्ध विषय का ज्ञान बहुत ही महत्त्वपूर्ण है। मानविकी, समाजशास्त्रीय विषयों की पारिभाषिक शब्दावली की समस्या भी महत्त्वपूर्ण है। भारत में समाजशास्त्र, इतिहास, नृतत्वविज्ञान, अर्थशास्त्र आदि के आधुनिक पारिभाषिक शब्दों का अभाव सा है। वैज्ञानिक तकनीकी शब्दावली आयोग तथा राज्य ग्रंथ अकादमियों एवं भाषा संस्थाओं द्वारा निर्मित शब्दावलियाँ इस क्षेत्र में काफी सीमा तक लोकप्रिय हो चुकी हैं। ज्यों-ज्यों भारत के विश्वविद्यालयों में उपर्युक्त विषयों का अध्ययन मातृभाषा में होना शुरू होगा, अनुवाद

की माँग भी बढ़ती जाएगी। परन्तु विभिन्न अनुवादकों और विभिन्न संस्थाओं द्वारा अनुवाद के लिए पारिभाषिक शब्दावली का मनमाने ढंग से प्रयोग करना एक कठिनाई अवश्य है। फिर भी धीरे-धीरे इन शब्दों में एक-रूपता आ रही है। पाठ्यपुस्तकों एवं संदर्भ ग्रथों के अनुवाद एवं उन अनूदित ग्रन्थों का पाठ्य ग्रंथों के रूप में प्रयोग से नये पारिभाषिक शब्दों का प्रचलन होगा। पत्र-पत्रिकाओं में इन विषयों की शब्दावली का प्रयोग काफी हो रहा है जो अनुवाद की लोकप्रियता का परिणाम है। मानविकी, समाजशास्त्रीय विषयों के अनुवाद में उसके पाठकों के स्तर को दृष्टि में रखना अत्यन्त जरूरी है। अनुभव दिखाता है कि वैज्ञानिक तकनीकी विषयों की अपेक्षा मानविकी, समाजशास्त्रीय, शैक्षणिक ग्रन्थों के अनुवाद जल्दी ही लोकप्रिय हो जाते हैं। इनकी भाषा अधिकांशतः सरल, स्पष्ट एवं सीधी होती है। शिक्षा के माध्यम परिवर्तन के साथ सभी विकासशील देशों में इन विषयों के ग्रन्थों के अनुवाद की आवश्यकता बढ़ गयी है। अतः इनका व्यावसायिक महत्त्व भी कम नहीं है।

४.१.२.४. **सूचना एवं दूर संचार में अनुवाद** – सूचना एवं समाचार के अनुवाद की सबसे बड़ी विशेषता यह है कि उसमें राजनीति एवं कूटनीति से लेकर व्यापार एवं खेल तक के जीवन के समस्त कार्य-कलापों एवं विषयों से सम्बन्धित सामग्री का अनुवाद करना होता है। विषय-विस्तार की तरह अन्य महत्त्वपूर्ण बात यह है कि यह अनुवाद अन्य अनुवादों की अपेक्षा यांत्रिक वेग की अपेक्षा रखता है। चाहे दैनिक पत्रों का अनुवाद हो या रेडियो, दूरदर्शन आदि का, अनुवादक के पास कम समय रहता है और उसे उतने ही समय में सारी सामग्री का अनुवाद करना पड़ता है। तीसरी महत्त्वपूर्ण बात यह है कि यह अनुवाद एक साथ करोड़ों पाठकों एवं श्रेताओं के पास पहुँचता है, इसलिये उसमें संप्रेषणीयता, रोचकता, प्रभावोत्पादकता आदि गुण सहज में ही होना चाहिये।

समाचार प्रमुख रूप से समाचार एजेंसियों एवं संवाददाताओं से प्राप्त होते हैं जो देश-विदेश की अनेक भाषाओं से अनूदित होकर संपादकों के पास पहुँचते हैं। सम्पादकों को इन समाचारों को न केवल अनुवाद करना पड़ता है, बल्कि उनका उचित सम्पादन भी करना पड़ता है। समाचार चाहे सम्वाददाता ने प्रत्यक्ष भेजा हो या दूरमुद्रक द्वारा प्राप्त हुआ हो, उसमें अनुवाद करते समय आवश्यक सम्पादन भी करना पड़ता है। इस तरह समाचारों के अनुवाद में सम्पादनकला एवं अनुवादकला का संगम होता है। विषयों का व्यापक ज्ञान, समकालीन घटनाओं के प्रति सजगता, व्यापक अध्ययन, शब्दों का अजस्र भंडार, शीघ्र अनुवाद करने की क्षमता एवं अनुभव समाचारों के अनुवादकों के लिए अपेक्षित गुण हैं। सभी विषयों की सामान्य जानकारी रखते हुए भी कुछ विषयों में उसकी गहरी पैठ भी होनी चाहिए क्योंकि आजकल दूर-संचार के क्षेत्र में भी विशेषज्ञता का प्रवेश हो रहा है जैसे-राजनीतिक समाचार, अंतर्राष्ट्रीय राजनीतिक गतिविधियों, खेलकूद, व्यापार मंडी, सांस्कृतिक समाचार, फिल्म समाचार आदि आदि। चूँकि उसको अपने अनुवाद

के संशोधन के लिए अधिक समय नहीं मिलता इसलिये उसे सतर्क रहना पड़ता है कि कहीं जल्दबाजी में कोई ऐसी त्रुटि तो न आ जाय जिससे बड़ा हंगामा मचे।

समाचार के अनुवाद में सबसे बड़ी कठिनाई उसकी भाषा के सम्बन्ध में होती है। समाचार सम्पादक को प्राप्त सूचनाओं में उलट-फेर करने का अधिकार तो नहीं होता, लेकिन यदि वह समाचार के शब्दानुवाद का प्रयास करता है, तब गड़बड़ी होने की सम्भावना है। अंग्रेजी में प्राप्त समाचारों के साथ अक्सर यही कठिनाई होती है। अक्सर इन समाचारों का भाव लेकर उसे सरल एवं स्पष्ट भाषा में लिख देना ही सबसे उत्तम उपाय होता है। परन्तु कठिनाई तो नये-नये शब्दों एवं प्रयोगों के अनुवाद के सम्बन्ध में होती है और समाचारों में इनकी कमी नहीं रहती है। कोश आदि से परामर्श करने का समय भी अक्सर नहीं मिलता और अनेक नये शब्द तो कोश में भी नहीं मिल पाते क्योंकि वे दुनिया की दूर-दूर की भाषाओं से आते हैं। उस स्थिति में या तो प्रसंगानुसार उन शब्दों को रख देना या उनका भाव लेकर समझाना ही उचित होता है। समाचार-पत्रों की अनुवादाच्छादित भाषा के बारे में अक्सर शिकायत रहती है। लेकिन यदि लक्ष्य भाषा की सहज शैली को ही दृष्टि में रखा जाय, तो प्रवाहपूर्ण अनुवाद किया जा सकता है। प्रामाणिकता लाने के लिए उद्धरण, कानूनी व्यवस्था आदि का शब्दानुवाद अपेक्षित होता है, परन्तु आम तौर पर क्लिष्ट शब्दानुवाद से बचना आवश्यक है। संक्षेप में कह सकते हैं कि समाचारों के अनुवाद में भाव एवं विचारों पर ही बल होना चाहिए, न कि शब्द पर।

दूर संचार के अनुवाद में व्यक्तिनामों, अनजान जगहों के नामों, संक्षेपों के अनुवादों आदि की भी समस्याएँ आती हैं। आजकल अंग्रेजीरूप की जगह अधिक प्रचलित भारतीय रूप को लिखने की प्रवृत्ति बढ़ रही है जैसे-सिलोन को श्रीलंका, कायरो को काहिरा, एस० एस० पी० को ससंपा, पी० टी० आई० को पेट्र आदि। कई विदेशी भाषाओं जैसे जापानी आदि की ध्वनियों को अंग्रेजी के बजाय यदि उन भाषाओं से सीधे भारतीय भाषाओं में लिखा जाय तो ज्यादा सहज लग सकती हैं। रोमन के कारण बड़ी गड़बड़ी होती है जैसे मलयालम के पट्टम ताणु पिल्लै को अंग्रेजी के माध्यम से प्राप्त समाचारों के कारण 'पोथम थाणु पिल्ललाई', लिखा जाता है और हिन्दी का लाठी शब्द मलयालम में 'लात्ती' बन जाता है। विदेशी शब्दों के लिप्यंत में भारतीय भाषाओं की सहज प्रकृति को दृष्टि में रखना होता है जैसे ब्रझनेव (हिन्दी) ब्रेषनेव (मलयालम) आदि।

शीर्षकों के अनुवाद में तथा वाक्य रचना में रोचकता, सरलता एवं बोधगम्यता के साथ भाषा की प्रकृति का भी ध्यान रखना पड़ता है। शीर्षकों के बारे में आम सुझाव यह हो सकता है कि अंग्रेजी आदि से नकल न करके स्वतन्त्र रूप से उचित एवं आकर्षक शीर्षक दिया जाय। वाक्यरचना में मूल के क्रम पर ध्यान न देकर लक्ष्य भाषा की स्वाभाविक वाक्य रचना को अपनाना चाहिए। जटिल वाक्य रचना की अपेक्षा सरल एवं लघु वाक्य

भारतीय भाषाओं के समाचार पत्रों में आवश्यक होता है। समाचारों को स्पष्ट एवं सुबोध भाषा में प्रस्तुत करना भी व्यावहारिक दृष्टि से आवश्यक है। सबसे बढ़कर समाचारों के अनुवादकों को अपने पाठकों एवं श्रोताओं के मनोविज्ञान एवं सांस्कृतिक स्तर का भी खूब ज्ञान आवश्यक है। कुछ विशिष्ट मुहावरों और शब्दों को अपनी भाषा में अनुवाद द्वारा चलाने में भी उनका हाथ रहता है।

४.१.२.५ प्रशासनिक एवं कानूनी अनुवाद

प्रशासन की भाषा हर कहीं जनभाषा हो रही है। भारत में तो अंग्रेजी की जगह भारतीय भाषाएँ ले रही हैं। राजभाषा के रूप में अंग्रेजी के साथ हिन्दी के प्रयोग की आवश्यकता के कारण संसद में और सरकारी कार्यालयों में हिन्दी से अंग्रेजी में प्रशासनिक और कानूनी अनुवाद की आवश्यकता बढ़ रही है। भारत सरकार का वैज्ञानिक तकनीकी आयोग, गृह मंत्रालय का राजभाषा विभाग एवं केन्द्रीय अनुवाद ब्यूरो आदि प्रशासनिक एवं कानूनी अनुवाद के क्षेत्र में मानक कार्य कर रहे हैं। ये संस्थाएँ वस्तुतः राजभाषा के रूप में हिन्दी एवं अन्य भारतीय भाषाओं के प्रयोग के लिए पृष्ठभूमि निर्माण का कार्य कर रही हैं। शब्दावलियों, निर्देशों आदि के बन जाने के कारण यह कार्य एक सीमा तक सुकर बन गया है, परंतु अभी अनेक समस्याओं का सामना भी इस दिशा में करना पड़ेगा। संसद में तथा सरकारी विभागों में द्विभाषिक एवं बहुभाषिक स्थिति के बने रहने के कारण प्रशासनिक एवं कानूनी अनुवाद की समस्या भारतीय प्रशासन के प्रत्येक क्षेत्र से जुड़ी हुई है।

प्रशासनिक अनुवाद की महत्त्वपूर्ण समस्या तो प्रशासनिक भाषा है जो कुछ अंशों में तकनीकी भाषा है और कुछ अंशों में तो सामान्य भाषा के करीब है। कानूनी भाषा पूर्णतः तकनीकी प्रकृति की होती है और उसके शब्द एवं प्रयोग विशिष्ट होते हैं। जहाँ कहीं भी प्रशासन की भाषा कानूनी भाषा के करीब आती है वहाँ वह तकनीकी बन जाती है और जहाँ वह प्रचार एवं अन्य सामान्य विषयों से सम्बन्धित भाषा होती है वहाँ उसकी प्रकृति सामान्य व्यवहार की भाषा के करीब होती है। प्रशासनिक अनुवाद के अन्तर्गत सरकारी पत्र, टिप्पण, आलेखन, विज्ञापन, सूचनाएँ, रिपोर्ट, परिपत्र, अधिनियम, अधिसूचनाएँ, अर्ध-सरकारी पत्र, तार, प्रचार सामग्री, प्रेस विज्ञप्तियाँ आदि का अनुवाद आता है। संसद तथा केन्द्रीय प्रशासन में प्रमुख रूप से अंग्रेज़ी-हिन्दी अनुवाद की आवश्यकता पड़ती है लेकिन अन्य प्रदेशों में अंग्रेजी-प्रांतीय भाषा तथा हिन्दी एवं प्रान्तीय भाषाओं के बीच अनुवाद की आवश्यकता पड़ेगी। कानूनी संहिताएँ, अधिनियम, संविधान एवं तत्सम्बन्धी मामले आदि का अनुवाद मुख्य रूप से कानूनी अनुवाद के विषय हैं यद्यपि उपर्युक्त कुछ प्रकारों में ये दोनों तरह के अनुवाद में कहीं-कहीं घुल-मिल जाते हैं।

प्रशासनिक अनुवाद के लिए जो भाषा इस्तेमाल की जाय उसके सम्बन्ध में सामान्य धारणा यह होती है कि वह बिल्कुल सही अभिप्राय को व्यक्त करे, उसमें बात को सीधे ढंग से अभिव्यक्त किया जाय और वह सर्वसाधारण के लिए सुग्राह्य हो। उसमें जहाँ तक हो सके, लम्बे वाक्य, अनावश्यक घुमाव फिराव, अनावश्यक मुहावरों का प्रयोग आदि से बचा जाय। प्रशासनिक भाषा की कुछ औपचारिकताएँ एवं परम्पराएँ बन गयी हैं इसलिए कहीं-कहीं वह अनुवाद में अटपटी लग सकती है। अनुवाद एवं प्रयोग करते-करते यह अटपटापन दूर हो सकता है। नये पारिभाषिक शब्द जहाँ भी क्लिष्ट लगते हों, वहाँ उसका प्रचलित मूल रूप भी देना व्यावहारिक दृष्टि से आवश्यक होता है। कानून से सम्बन्धित सामग्री के संदर्भ में हमेशा यह ध्यान रखना होता है कि उसमें शब्दावली एवं वाक्य-विन्यास का ऐसा प्रयोग हो कि एक ही अर्थ निकल सके। उसमें मनमाने अर्थ लगाने की सम्भावना नहीं होनी चाहिए। इसलिए कहीं-कहीं शब्दानुवाद की भी आवश्यकता पड़ती है। प्रशासनिक शब्दावली की सबसे बड़ी कठिनाई यह है कि अंग्रेजी के शब्द के लिए कभी-कभी भारतीय भाषाओं में एकाधिक लगभग मिलते-जुलते शब्द मिलते हैं, जिनका प्रयोग केवल प्रसंगानुसार ही किया जा सकता है जैसे- Confidential गोपनीय, अंतरंग, Interest अभिरुचि, हित, स्वार्थ, ब्याज, वृद्धि आदि। इसी प्रकार हिन्दी के एक शब्द के लिए अंग्रेजी में भी अनेक अनुवाद हो सकते हैं, प्रसंगानुसार अनुवादक को उचित प्रयोग का चुनाव करना होगा-जैसे-अनुबंध Annexture, contract; आलेख writing, draft; आधिकारिक- official, authoritative आदि। वाक्य रचना के सम्बन्ध में न केवल स्रोतभाषा की सहजता को दृष्टि में रखना पड़ता है, बल्कि अंग्रेजी के अन्य पुरुष और कर्मवाच्यवाले वाक्यों को अनुवादक को कहीं-कहीं उचित ढंग से सरल वाक्य बनाना पड़ता है। उदाहरण के लिए जहाँ बहुत अनिवार्य नहीं हो, वहाँ, I am directed to inform you' जैसे वाक्यों को कहीं-कहीं 'आपको यह सूचित कर रहे हैं' जैसे वाक्यों में बदल सकते हैं। प्रशासनिक अनुवाद के लिए सबसे आवश्यक तो यह है कि उसके प्राविधिक स्वरूप को बनाये रखते हुए भी सरल, स्पष्ट अभिव्यक्ति के लिए प्रयास किया जाय।

४.२. प्रकृति के अनुसार अनुवाद के भेद

जैसा कि पहले कहा गया है, अनुवाद का वर्गीकरण विषय-भेद की तरह उसकी प्रकृति के आधार पर भी सम्भव है। उदाहरण के लिए अनुवाद मूल कृति से किस रूप में भिन्न है अथवा किस तरह के पाठकों के लिए अनूदित की जाती है, इन सबके आधार पर उसकी प्रकृति भी भिन्न हो जाती है। जैसा कि काव्यानुवाद के प्रसंग में देखा गया है, शब्दानुवाद, छायानुवाद, मूल मुक्त अनुवाद, भावानुवाद, रूपांतर, अनुकरण, प्रतिध्वनि, मूल रचना से प्रेरित अन्य भाषा की रचना आदि अनुवाद के प्रकार मात्र हैं। इसी प्रकार किसी कृति का सार लेकर जो सारानुवाद किया जाता है और गद्य या

पद्य में जो व्याख्याएँ की जाती हैं, वह भी अनुवाद के प्रकृति-भेद ही हैं। दुभाषिये का कार्य भी अनुवाद का प्रकृति की दृष्टि से एक भेद है।

शब्दानुवाद पर विशेष आग्रह बाइबिल तथा उसके दैवी समझे जाने वाले नियमों के संदर्भ में किया गया। यद्यपि शब्दानुवाद को हमेशा हेय दृष्टि से देखा जाता है, तो भी आज भी कानून जैसे कुछ प्राविधिक विषयों के अनुवाद में यह प्रवृत्ति दिखाई पड़ती है। प्रामाणिकता लाने के लिए कहीं-कहीं शब्दानुवाद किया जाता है जैसे रूसी आदि भाषाओं में कवि-अनुवादकों की सहायता करने के लिए स्रोत भाषा के जानकार विद्वानों द्वारा किये गये पंक्तिबद्ध अनुवाद। वैसे साहित्यिक अनुवाद में शब्दानुवाद की शैली सभी देशों में अपर्याप्त मानी गयी है। विज्ञान, गणित जैसे विषयों के प्राविधिक अनुवाद में शब्दानुवाद के बिना काम नहीं चलता।

'छायानुवाद' संस्कृति नाटकों में तो प्राकृत के अंशों के संस्कृत में मूलानुसारी अनुवाद को कहते थे। परन्तु मूल की छाया लेकर चलने वाले अनुवाद को भी आधुनिक युग में छायानुवाद कहते हैं। भावानुवाद में अर्थ या भाव पर विशेष बल रहता है। 'भावानुवाद' शब्द इतना व्यापक अर्थ रखता है कि मूल पाठ के अर्थ के अन्तरण से लेकर मूल के भाव पर आधारित अनुवाद को भी भावानुवाद कहा जा सकता है। आम तौर पर भावानुवाद से यह अर्थ लगाया जा सकता है कि मूल पाठ के शब्द या अभिव्यक्ति पक्ष पर ध्यान न देकर मूल के भाव या आशय को अनुवाद में उतारना ही भावानुवाद है। उल्लेखनीय है कि दुनिया के श्रेष्ठ साहित्यिक अनुवाद प्रमुख रूप से भावानुवाद ही हैं।

मूलमुक्त अनुवाद में भेद इस आधार पर उत्पन्न हो जाता है कि अनुवाद मूल से किस सीमा तक मुक्त है। जैसे संस्कृति एवं शैली को बिल्कुल ही लक्ष्य मुक्त अनुवाद रखकर, लक्ष्य भाषा भाषी पाठकों/श्रोताओं के लिए जो मूल भाषा के अनुरूप किया जाता है वह रूपांतरण या एडेप्टेशन कहलाता है। अनुकरण में तो लेखक अपनी रचना को अनुकरण तो कहता नहीं है, लेकिन यह विषय, शैली, तकनीक, हर दृष्टि से मूल का अनुकरण जाने अनजाने करता है। मूल रचना से प्रभावित रचनाएँ, मूल रचना की प्रतिध्वनियाँ आदि भी मूलमुक्त अनुवाद की कोटियाँ ही हैं। बृहदाकार एवम् श्रेण्य रचनाओं का जो सार गद्य या पद्य में प्रस्तुत किया जाता है, वह सारानुवाद कहलाता है। प्राचीन रचनाओं का आधुनिक भाषाओं में पुनराख्यान भी सारानुवाद से मिलता जुलता एक विशिष्ट प्रकार है। महत्त्वपूर्ण कृतियों की गद्य-पद्य व्याख्याएँ अनुवाद के एक भिन्न प्रकार हैं। इसके अन्तर्गत भावार्थ से लेकर विस्तृत भाष्य तक समाहित हो सकता है।

एक आदर्श अनुवाद में मूल के अर्थ एवं शैली के सौन्दर्य के ठीक-ठीक अन्तरण की अपेक्षा रखते हैं। चूँकि साहित्यिक अनुवाद एक पुनः-सृजन भी है, उसकी प्रकृति में भिन्नता का आ जाना स्वाभाविक है। यह भिन्नता देशकाल पाठकीय रुचि आदि पर

तो निर्भर रहती है परन्तु अनुवादक की सृजनात्मक क्षमता एवं दृष्टिकोण, अन्य भाषा की रचना के प्रति प्रतिक्रिया आदि भी इस भेद के कारण हैं। इसके विपरीत बाइबिल तथा वैज्ञानिक, तकनीकी एवं कानूनी विषयों के अनुवाद में शब्दानुवाद को महत्त्व देने के लिए अनुवादक मजबूर हो जाता है। दुभाषिये का कार्य तो प्रमुख रूप से मौखिक होता है, उसे तो प्रामाणिकता, संभाषण कला, आशु-अनुवाद की कला का समन्वय करना पड़ता है।

५. अनुवाद-प्रक्रिया के तकनीकी पहलू

५.१. अनुवाद की प्रक्रिया तथा अनुवादक – अनुवाद की प्रक्रिया में अनुवादक का योग काफी महत्त्वपूर्ण है। अच्छे अनुवादक से प्रमुख रूप से तीन अपेक्षाएँ की जाती हैं।

(क) स्रोत एवं लक्ष्य भाषाओं पर पर्याप्त अधिकार

(ख) विषय का सम्यक ज्ञान

(ग) मूललेखक के साथ सहानुभूति

(क) स्रोत एवं लक्ष्य भाषाओं पर पर्याप्त अधिकार

अनुवाद की यह बुनियादी शर्त है कि अनुवादक को स्रोत एवं लक्ष्य भाषाओं पर पूर्ण अधिकार होना चाहिए। शब्द-कोश, विश्वकोश आदि संदर्भ ग्रन्थ–एक सीमा तक ही सहायक होते हैं। क्योंकि अधिकांश शब्दों के दूसरी भाषा में दर्जन भर पर्यायवाची दिये हुए होते हैं। इसलिए शब्द-कोशों का सही प्रयोग जानने के लिए पहले दोनों भाषाओं पर अधिकार होना जरूरी है। अनुवादक में समान प्रभाव तथा संदर्भ को व्यक्त करने वाले शब्दों को तत्काल ढूँढ़ निकालने की क्षमता होनी चाहिए। अनुवादक को दो भाषाओं पर कितना अधिकार है, यह इस बात पर निर्भर करेगा कि किसी विशेष शब्द की अर्थ छटाओं की उसे कितनी जानकारी है। अनुवादक जितनी कुशलता से प्रसंगानुसार ठीक पर्याय निकाल सकेगा, उसका अनुवाद उतना ही उत्तम होगा। अच्छा तो यह है कि अनुवादक को स्रोत भाषा की अच्छी जानकारी हो और लक्ष्य भाषा की शब्दावली, प्रयोग, अर्थ, वाक्य आदि की अच्छी पकड़ एवं लेखकीय गति हो। उसे यांत्रिक ढंग से शब्दों को मिलाना नहीं चाहिए, बल्कि उसे स्रोतभाषा में अभिव्यक्त संकल्पना को लक्ष्य भाषा में उतारने के लिए एक नवीन भाषिकीय संरचना का निर्माण करना पड़ता है। अनुवाद-प्रक्रिया की बुनियादी चीज़ तो अनुवादक की तत्काल द्विभाषिक प्रयोग की क्षमता होती है। प्रत्येक भाषा की शैली तथा सांस्कृतिक परिवेश की सटीक धारणा भी अनुवादक के लिए अपेक्षित है। स्रोतभाषा की संरचनाओं का लक्ष्य भाषा पर व्याघात न हो इसके लिए स्रोतभाषा एवं लक्ष्य भाषा के संरचनात्मक साम्य एवं वैषम्य तथा दोनों के व्यतिरेकात्मक विश्लेषण के आधार पर लक्ष्य भाषा के समतुल्य प्रयोगों को ढँढ़ना चाहिए। इस दृष्टि से अनुवाद वास्तव में अनुवादक की द्विभाषिक क्षमता की कसौटी ही है।

(ख) विषय का सम्यक ज्ञान

तकनीकी, वैज्ञानिक तथा विषय-प्रधान अनुवादों में अनूदित विषय का सम्यक् ज्ञान बहुत ही अनिवार्य हो जाता है। वैज्ञानिक अनुवाद में अनुवादक का वैज्ञानिक होना आवश्यक है। साहित्यिक अनुवाद में भी अनुवादक को मूल पात्रों एवं घटनाओं के माध्यम से अभिव्यक्त किये गये "सांस्कृतिक तथा आस्था सम्बन्धी प्रत्यादर्शों" से परिचित होना आवश्यक है। साथ ही मूल कृति के शिल्पविधान संरचना तथा तकनीक के विषय में भी अनुवादक का गहन आलोचनात्मक अध्ययन करना आवश्यक है।[१]

(ग) मूल लेखक के साथ सहानुभूति

अनुवादक की सफलता में मूल-लेखक के साथ अनुवादक की सहानुभूति अथवा तादात्म्य का बहुत बड़ा महत्त्व होता है। यद्यपि अनुवादक के लिए तटस्थता आवश्यक है तो भी उसमें मूल लेखक के प्रति श्रद्धा का भाव होना भी वांछनीय है। जैनेन्द्र कुमार के अनुसार "अनुवादक को मूल व्यक्तित्व में पहले अपने को खो देना होता है, फिर उसी में आत्मभाव पैदा करके अपनी भाषा के माध्यम द्वारा उस भाषा-भाषी के प्रति अपने को भावार्पित करना पड़ता है।"[२] अनुवादक को सबसे पहले मौलिक रचना का प्रभाव अपने ऊपर उत्पन्न करना चाहिए। इस प्रकार से उसमें वह सशक्तता और नवीनता आयेगी जो मूल रचना पढ़ने पर अनुभव हुई होगी। यदि वह ऐसा करता है तो अनूदित रचना मूल के अधिक निकट होगी। बाईबिल के अधिकांश अनुवादों की सफलता का रहस्य श्री पाल पी० वर्गीज़ के अनुसार अनुवादकों और मूल लेखकों में परस्पर तादात्म्य है।[३] वैज्ञानिक तथा अन्य सूचना परक अनुवाद में खाली विषय का ज्ञान एक सीमा तक पर्याप्त होगा, किन्तु कविता तथा अन्य साहित्यिक विधाओं के अनुवाद में मूल लेखक के विचारों के साथ साहानुभूति, अन्तरदर्शन और समभावना बहुत ही आवश्यक हो जाता है। ऐसे स्थलों पर अनुवादक एक सहृदय पाठक तथा स्रष्टा दोनों हो जाता है; वह मूल लेखक की आत्मा के साथ एकाकार होने की योग-प्रक्रिया अपनाता है।

५.२. **अनुवाद-प्रक्रिया के तकनीकी पहलू** – अनुवाद-प्रक्रिया के तकनीकी पहलुओं की रूपरेखा उसकी विभिन्न अवस्थाओं को दृष्टि में रखकर प्रस्तुत की जा सकती है। इस प्रक्रिया के दो पहलू हैं–(१) मूल पाठ्य सामग्री का विश्लेषण, (२) समुचित समतुल्यता का निर्णय।

सर्वप्रथम अनुवादक संपूर्ण स्रोत सामग्री को विषयगत और भाषागत दृष्टि से समझने का प्रयास करता है। इयान फिनले की राय में अनुवाद करने से पूर्व संपूर्ण पाठ्य सामग्री को पढ़ना और समझना अनुवाद प्रक्रिया का अनिवार्य नियम है।[४] दूसरा महत्त्वपूर्ण

तत्त्व है अनुवादक द्वारा अर्थ-तत्त्व की पहचान। अन्त: केन्द्रित एवं बहिर-केन्द्रित प्रयोग एवं शब्दावली के अर्थ का निर्णय ही अनुवाद-प्रक्रिया का आरंभिक महत्त्वपूर्ण कार्य है। शब्दों के पीछे निहित सांस्कृतिक एवं ऐतिहासिक परम्परा की धारणा भी इस संदर्भ में बहुत अधिक आवश्यक है। यहाँ पर अनुवादक को चाहिए कि अपने विशिष्ट क्षेत्र की शब्दावली तथा समान प्रयोगों से सम्यक् परिचय प्राप्त करे। तीसरा महत्त्वपूर्ण तत्त्व है स्रोत भाषा की सामग्री के लिए लक्ष्य भाषा में अनुरूप शैली की खोज। इसके लिये भाषा की विभिन्न शैलियों एवं प्रयोगों से अनुवादक का खूब परिचय होना आवश्यक है।

मूल पाठ्य-सामग्री का विश्लेषण करते समय तीन बातें याद रखने का सुझाव थियोडर सेवरी देते हैं–[५]

(१) मूल लेखक क्या कहता है?
(२) उसका मंतव्य क्या है?
(३) वह कैसे कहता है?

लेखक क्या कहता है और उसका मंतव्य क्या है, यह समझने के लिए मूल का संदर्भ तथा निकटतम इकाई की शब्दकोशीय एवं व्याकरणिक विशेषताओं का विश्लेषण आवश्यक हो जाता है। अर्थ-निर्णय में ग्रन्थ के वृहत्तर संदर्भ को भी दृष्टि में रखना पड़ेगा। शब्दों का सामाजिक परिवेश अनुवादक के लिए अत्यन्त महत्त्वपूर्ण है। लक्ष्य भाषा के सांस्कृतिक संदर्भ में मूल के शब्द को किस रूप में उतारा जा सकता है, यह भी विचारणीय है।

समतुल्यता का निर्णय प्रमुख रूप से एक पुन: सृजन की प्रक्रिया है। पहला मसौदा तैयार करते समय जहाँ समतुल्यता की प्राप्ति में कठिनाई हो वहाँ पर पाद टिप्पणी या व्याख्यात्मक शब्द या उपयुक्त विशेषण आदि देकर अर्थ के ठीक संप्रेषण का प्रयास करना चाहिए। पहले मसौदे में संशोधन करते समय स्वतंत्र अभिव्यक्ति, शब्दानुवाद के अतिप्रभाव से मुक्ति एवं शैलीपरक नैसर्गिकता को अधिक ध्यान में रखा जाना चाहिए। अनुवाद करने के बाद मूल के साथ मिलान करके अनुवाद का स्वयं अनुवादक संशोधन कर सकता है। फिर मूल अलग रखकर अनुवाद को दुहराना चाहिए। इस प्रक्रिया को इस प्रकार समझाया जा सकता है–

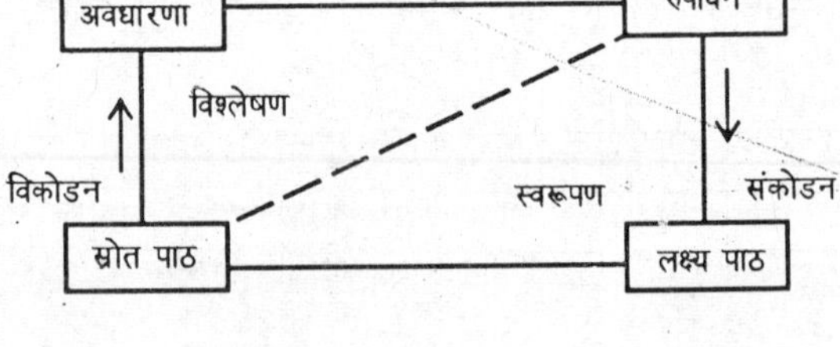

संपूर्ण पाठ्यसामग्री को समझने की प्रक्रिया अवधारणा की प्रक्रिया है। अवधारणा से रूपायन तक मूल पाठ के अर्थ तत्त्व एवं शैली तत्त्व का विश्लेषण होता है। तदुपरान्त पहले मसौदा तैयार किया जाता है जो रूपायन का प्रथम मूर्त रूप है। इसके बाद द्वितीय आवृत्ति में मूल के साथ मिलान करके देखा जाता है कि अर्थ का ठीक-ठीक अन्तरण हुआ या नहीं। तीसरी आवृत्ति में स्वतंत्र वाचन होता है जिसमें स्रोतपाठ की शैली के व्याघात आदि पर दृष्टि रखते हुए लक्ष्य पाठ की शैलीगत नैसर्गिकता की सिद्धि का प्रयास किया जाता है। स्वतंत्र वाचन के द्वारा अनुवादक स्वयं नवीन भाषागत संरचना को अधिक प्रवाहपूर्ण बना सकता है। पुनरीक्षण का कार्य अन्तिम पहलू है। पुनरीक्षण में प्रमुख रूप से स्रोत एवं लक्ष्य भाषाओं के साम्य/वैषम्य को ही प्रमुख आधार बनाया जाता है। कुछ विद्वानों के अनुसार जब तक पूरा अनुवाद न कर लें, तब तक शीर्षक का अनुवाद न करना चाहिए।

इस प्रकार हम कह सकते हैं कि "अनूद्य सामग्री के वाक्यों, अभिव्यक्तियों और मुहावरों का विश्लेषणात्मक अध्ययन किया जाय और उसमें प्रतिपाद्य विषय समझ लेने के बाद उसे अपनी भाषा में "इस प्रकार अभिव्यक्त किया जाय कि वह अपनी भाषा की प्रकृति के अनुकूल रहे और आकर्षक लगे।'' अनुवाद में मूल की शैली, सांस्कृतिक परिवेश, स्थानीय रंग आदि तो किसी न किसी रूप में प्रतिबिंबित होते ही हैं और होना भी चाहिए। परन्तु फिर भी आस्कर वाइल्ड के प्रसिद्ध कथन का इस्तेमाल करते हुए हम कह सकते हैं कि अनुवाद की कला इसी में है कि अनुवाद अनुवाद न लगे क्योंकि "कला का रहस्य कला को छिपाकर रखने में है।''

६. यूरोप में अनुवाद-सिद्धान्तों का विकास

यूरोप में अनुवाद-सिद्धान्तों का विकास प्रमुख रूप से बाइबिल तथा ग्रीक एवं लैटिन के श्रेण्य ग्रन्थों के अनुवाद के संदर्भ में हुआ है। इस कारण से अनुवाद सिद्धान्तों के विकास का इतिहास पश्चिम में बहुत ही प्राचीन काल से शुरू होता है। प्रत्येक कृति के अनुवाद में कुछ ऐसे सिद्धान्त भी अन्तर्निहित रहते हैं जो सामान्यत: अन्य अनूदित कृतियों के लिए भी लागू हो सकते हैं। पश्चिम के ये सिद्धान्त प्रमख रूप से निम्नलिखित प्रकार के हैं-

(१) अनुवादकों ने अपने अनुभव के आधार पर अनूदित ग्रन्थौं की जो भूमिकाएँ लिखी हैं उनमें प्रतिपादित सिद्धान्त।

(२) अनुवादक के सिद्धान्त पर लिखित स्वतंत्र ग्रन्थ।

(३) साहित्यिक और भाषावैज्ञानिक पत्रिकाओं में अनुवाद पर प्रकाशित लेख।

अनुवाद का चिंतन परक साहित्य आरंभ में प्रमुख साहित्यकारों तथा अनुवादकों के स्फुट विचार हैं जो प्राय: सूक्तियों और सूत्रों के रूप में हैं। इन वक्तव्यों में अनुवाद के किसी क्रमबद्ध सिद्धान्त का निरूपण नहीं हुआ है, परन्तु अनुभव से ज्ञात और तत्त्वान्वेषी दृष्टि से गृहीत इन वचनों में सत्य का कोई न कोई पहलू सदा के लिए सुरक्षित है।[१] यहाँ पर पश्चिम में अनुवाद के लम्बे इतिहास के दौरान विकसित प्रमुख अनुवाद-सिद्धान्तों का अवलोकन करते हुए अनुवाद-चिंतन की आधुनिक भूमिका पर विचार करेंगे।

६.१. सेंट जेरोम

सेंट जेरोम, रोम के प्रसिद्ध अनुवादक थे जिन्होंने बाइबिल का अनुवाद करने के साथ-साथ अनुवाद के सैद्धान्तिक पक्ष पर भी विचार किया। उनको ३८४ ई० में पोप दमासस ने बाइबिल के अनुवाद के लिए नियुक्त किया था। जेरोम ने अपने अनुवाद के लिए कुछ निश्चित सिद्धान्तों का पालन किया और अपने अनुवाद की भूमिका में अनुवाद के सिद्धान्तों, प्रक्रिया और व्याघातों पर प्रकाश डाला। जेरोम को यह डर था कि जो लोग पुराने अनुवादों के अभ्यस्त हो चुके हैं, उनके लिए अपनी पुरानी धारणाओं से मुक्ति पाना कठिन होगा। वे मुझे धर्मद्रोही और बेईमान समझेंगे जो धर्मग्रन्थ में हेर-फेर का साहस करता है। जेरोम के इस अनुवाद का सब तरह से घोर विरोध हुआ लेकिन अनुवाद के महान आचार्य के रूप में क्रमश: उनकी प्रतिष्ठा हुई। फ्रांस के वेलरी लारबाड ने जेरोम को अनुवादकों का मसीहा कहा है।

जेरोम ने घोषित किया कि अनुवाद में शब्द की जगह शब्द नहीं, बल्कि भाव की जगह भाव होना चाहिए।* तात्पर्य यह कि शब्दानुवाद से भावानुवाद अधिक वांछनीय है। यह सिद्धान्त जेरोम के समय के शब्दानुवाद की प्रवृत्ति के लिए बहुत बड़ा आघात था। जेरोम ने अनुवाद की एक मूल समस्या-शब्दानुवाद बनाम भावानुवाद- की ओर यहाँ पर इशारा किया है और शब्दानुवाद की अपेक्षा भावानुवाद को महत्त्व देने के लिए अनुवादकों से अपील की है। जेरोम के अनुवाद सिद्धान्त से यह भी ध्वनि निकलती है कि हर अनुवाद किसी न किसी रूप में मूल की व्याख्या होता है।

६.२. मार्टिन लूथर

मार्टिन लूथर मध्य युग के प्रमुख अनुवादक थे जिन्होंने सन् १५२२ में लैटिन से जर्मन भाषा में बाइबिल का अनुवाद कर बहुत बड़ी क्रान्ति उपस्थित की। लूथर के समय में यूरोप की जन-भाषाओं का विकास हो रहा था और लैटिन केवल धर्म के ठेकेदार पंडितों की भाषा रह चुकी थी। उनके समय में अनुवाद के क्षेत्र में "शब्द के लिए प्रतिशब्द" वाले सिद्धान्त का बोलबाला था। लूथर ने प्रमुख रूप से अनुवाद की बोधगम्यता पर बल दिया और धार्मिक नेताओं के "शब्द के लिए शब्द" वाले सिद्धान्त का विरोध किया। उनके प्रमुख अनुवाद-सिद्धान्त इस प्रकार हैं-

(१) शब्दों के क्रम में परिवर्तन,
(२) व्याख्यात्मक क्रियापदों का प्रयोग,
(३) संयोजक शब्द आदि आवश्यकतानुसार जोड़ देना,
(४) जिन ग्रीक या हीब्रू शब्दों के लिए उचित समान शब्द जर्मन भाषा में न मिले तो उनका निराकरण,
(५) आवश्यकतानुसार मूल के एक शब्द के लिए कई शब्दों, पद-बन्धों आदि का प्रयोग,
(६) आलंकारिक प्रयोग के स्थान पर अलंकारहीन प्रयोग और अलंकार रहित प्रयोग के स्थान पर आलंकारिक प्रयोग, एवं
(७) सटीक धार्मिक अर्थ प्रयोग और पाठ-भेद पर ध्यान।

लूथर के इन अनुवाद-सिद्धान्तों का परवर्ती जर्मन तथा अंग्रेजी अनुवादकों पर बड़ा प्रभाव पड़ा। उनके अनुवाद का एक स्थाई परिणाम तो जर्मन की आदर्श साहित्यिक शैली का निर्माण था।

६.३. एटिने दोलेट

अनुवाद के कुछ निश्चित सिद्धान्तों को रूपायित करने का श्रेय लूथर के समकालीन

*. 'Sense for sens and not word for word.'

एटिने दोलेट (१५०९-१५४६) को है। दोलेट का जन्म फ्रांस में हुआ था और अल्पायु में ही कई मानवतावादी और बौद्धिक कार्यकलापों के साथ सम्बन्ध होने के कारण उनको विद्रोही ठहराया गया। अपने निर्भीक विचारों और स्वतन्त्र अनुवादों के कारण उनको मृत्युदण्ड दे दिया गया और उनके ग्रन्थों को भी शव के साथ जलाया गया। दोलेट क्रांतिकारी व्यक्ति होने के साथ-साथ बहुत बड़े अनुवादक भी थे और उन्होंने अनुवाद के निम्नलिखित पाँच सिद्धान्त कायम किये हैं-

(१) अनुवादक को अपने द्वारा अनूदित रचना के भाव तथा लेखक के उद्देश्य का पूरा ज्ञान होना चाहिए।

(२) अनुवादक को जिस भाषा से वह अनुवाद कर रहा हो और जिस भाषा में अनुवाद कर रहा हो, उन दोनों भाषाओं का सम्यक ज्ञान होना चाहिए।

(३) अनुवादक को शब्दानुवाद की प्रवृत्ति से बचना चाहिए क्योंकि शब्दानुवाद में मूल का अर्थ नष्ट हो सकता है और मूल की अभिव्यंजना के सौंदर्य में कमी आ सकती है।

(४) अनुवादक को सामान्य बोलचाल की भाषा के शब्दों का प्रयोग करना चाहिए।

(५) अपने शब्दों के चुनाव और शब्द-योजना के सहारे अनुवादक को मूल के समग्र प्रभाव तथा 'स्वर' (टोन) को बनाये रखना चाहिए।

दोलेट के ये सिद्धान्त सार्वभौम महत्त्व के हैं। अनुवादक को स्रोत और लक्ष्य भाषा में कितना ज्ञान होना चाहिए यह तो उन्होंने स्पष्ट नहीं किया है, लेकिन दोनों भाषाओं के सम्यक् ज्ञान को उन्होंने आदर्श माना है। उन्होंने यह भी स्पष्ट किया है कि शब्दानुवाद से मूल का शैलीगत सौंदर्य नष्ट हो सकता है। सामान्य बोलचाल की भाषा को अपनाने का उनका सुझाव भी मौलिक है। मूल का समय प्रभाव एवं टोन अथवा शैलीगत विशेषताओं को बनाये रखने का निर्देश भी सार्वकालिक लगता है।

६.४. ड्राइडन

अंग्रेजी भाषा में ड्राइडन ही पहले व्यक्ति हैं जिन्होंने अनुवाद को एक कला के रूप में मान्यता देते हुए यह सुझाया कि अनुवादक को निश्चित सिद्धांतों का पालन करना चाहिए।[1] ड्राइडन ने अनुवाद के तीन प्रकार माने हैं।

(१) शब्दानुवाद (मेटाफ्रेस) अर्थात् जिस अनुवाद में शब्द के लिए शब्द अथवा पंक्ति के लिए पंक्ति रख दिये जाते हैं।

(२) भावानुवाद (पाराफ्रेस)- इस अनुवाद में मूलकृति को अनुवादक सदा दृष्टि में

---

1. "He was the first to recognize and clearly to describe translation as an art, with definite principles and under-lying theory to which a translator must submit."
- Theodore Savory.

रखता है, पर शब्दों की अपेक्षा भाव के अनुवाद पर बल दिया जाता है।

(३) अनुकरण (इमिटेशन) जिसमें अनुवादक कृति की आत्मा की रक्षा के लिए मूल के शब्द और अर्थ को बदलने के लिए ही नहीं बल्कि उनको बिल्कुल छोड़ देने की भी आजादी दिखाता है। शब्दानुवाद की प्रवृत्ति को अपनाकर श्रेष्ठ अनुवाद करना ड्राइडन की राय में असंभव है। उन्होंने अनुकरण और शब्दानुवाद की अतिवादी प्रवृत्तियाँ मानकर उन्हें छोड़ देने का सुझाव दिया है।

६.५. एर्ल रस्कोमेन

ड्राइडन के समकालीन एर्ल रस्कोमेन की कविता 'एस्से आन ट्रान्सलेटेड वेसी में अनुवाद-सिद्धान्त पर प्रकाश डाला गया है। उनके अनुसार अनुवादक को अर्थ, शैली आदि दृष्टियों से मूल रचना का अनुसरण करना चाहिए। जहाँ मूल लेखक का पतन होता है अर्थात् जहाँ उसमें दुर्बलता दिखाई पड़ती है और जहाँ वह ऊपर उठता है, इन दोनों स्थानों पर अनुवादक को मूल लेखक का ज्यों का त्यों अनुसरण क ना चहिए।[1]

६.६. एलक्सेंडर पोप

पोप के विचार ड्राइडन के विचारों से काफी साम्य रखते हैं। उनके अनुसार कोई भी शाब्दिक अनुवाद मूल का उत्तम अनुवाद नहीं हो सकता। भावानुवाद में मूल में किसी तरह का परिवर्तन उपस्थित हो, यह भी वे मानने के लिए तैयार नहीं हैं। उनके अनुसार कविता की मूल चेतना अथवा ताप की ओर ही अनुवादक का अधिक ध्यान जाना चाहिए।[2]

६.७. **विल्यम कूपर** – (१) अनुवाद का सार-तत्त्व निष्ठा है और यही उस शब्द में निहित है। (२) जिस अनुवाद में निष्ठा और उदारता हो वह सर्वश्रेष्ठ अनुवाद है।[3]

६.८. **जार्ज केंपबेल** – सन् १७८९ में एबरडीन के विषप केंपबेल ने अनुवाद के इतिहास और सिद्धान्त पर एक महत्वपूर्ण ग्रन्थ प्रकाशित किया। उन्होंने बेबिल के अनुवाद के संदर्भ में अनुवाद की प्रक्रिया पर विचार करते हुए श्रेष्ठ अनुवाद के लिए आधारभूत निम्नलिखित सिद्धान्तों का प्रतिपादन किया

(१) मूल के भाव का अनुवाद में अन्तरण (प्रतिनिधित्व)।

(२) अनुवाद में लक्ष्य भाषा की प्रकृति की रक्षा करते हुए लेखक की शैली और आत्मा की रक्षा करना।

(३) मूल के गुणों को ध्यान में रखते हुए अनुवाद में सहायता और सरलता लाना।

---

1. "Your author always will be best advice,
   Fall when he falls, and when he rises rise."
2. "The fire of the poem is what the translator should principally regard, as it is most likely to expire in his managing."
3. "Fidelity indeed is of the very essence of translation and the term itself implies it."

६.९. एलेक्जेंडर फ्रेजर टिटलर

अठारहवीं शताब्दी के अंतिम दशक में एलेक्जेंडर फ्रेजर टिटलर, लार्ड वुड हाउसली (१७४७-१८१४) ने अनुवाद पर अन्य महत्त्वपूर्ण ग्रन्थ 'एस्से आन द प्रिन्सिपिल्स आफ ट्रांसलेशन' प्रकाशित किया। टिटलर ने भी तीन आधार-भूत सिद्धान्तों का प्रतिपादन किया है जो निम्नलिखित हैं-

(१) अनुवाद में मूल का सारा भाव आ जाना चाहिए।[1]

(२) अनुवाद की शैली और लेखन का ढंग मूल के जैसे हो।[2]

(३) अनुवाद में मूल रचना की समस्त सहजता और सरलता आनी चाहिए।[3]

टिटलर के इन सिद्धान्तों को हम सार्वकालिक कह सकते हैं। वे अनुवाद कला की चित्रकला से तुलना करते हुए बताते हैं कि अनुवादक को मूल से रंगों का प्रयोग ही नहीं करना है, बल्कि वैसी ही शक्ति और प्रभाव उसके अनूदित चित्र में भी लाना चाहिए। उसे मूल लेखक की आत्मा के साथ तदाकार होना चाहिए और तभी मूल लेखक की आत्मा उसकी अनूदित रचना में भी बोलेगी। इसी प्रकार बिलकुल ही अनिवार्य होने पर मूल में कुछ घटाने या बढ़ाने से भी उनका अधिक विरोध नहीं है। मूल के संदिग्ध-स्थलों पर मूल लेखक का उद्देश्य, संदर्भ आदि के सहारे स्पष्ट अर्थ-निर्माण कर लेने की आवश्यकता पर भी वे बल देते हैं। संदिग्ध-प्रयोग तथा भिन्नार्थ की संभावनाओं से अनुवाद को बचाने का भी सुझाव टिटलर ने दिया है।

६.१०. मैथ्यू आरनाल्ड (१८२२-१८८८) - आरनाल्ड ने अपने अनुवाद सम्बन्धी विचारों का प्रतिपादन 'आन ट्रांसलेटिंग होमर' नामक ग्रंथ में किया है। उन्होंने अपने ग्रन्थ में एफ० डब्ल्यू० न्यूमैन के अनुवाद सम्बन्धी विचारों की आलोचना की है। न्यूमैन के विचार में अनुवाद में मूल की समस्त विशेषताएँ आनी चाहिए। उसे यह कभी भी नहीं भूलना चाहिए कि वह अनुवाद कर रहा है और वह भी एक-एक भिन्न सामग्री से। न्यूमैन ने मूल के समतुल्य प्रभाव का निराकरण किया क्योंकि उनके विचारों में मूल ग्रीक काव्यों का प्रभाव कैसा था, यह बताना तो असंभव है। आरनाल्ड ने न्यूमैन के विचारों का खण्डन करते हुए अपने अनुवाद-सिद्धान्त का प्रतिपादन किया।

मैथ्यू आरनाल्ड का विचार है कि सफल अनुवाद में एक प्रमुख विशेषता यह होनी चाहिए कि उसका पाठकों पर वैसा ही प्रभाव पड़ेगा जैसा प्रभाव मूल रचना का पड़ा होगा। आज हमारे पास यह जानने के लिए तो कोई साधन नहीं है कि होमर के काव्य का यूनान के पाठकों पर कैसा प्रभाव पड़ा था पर यूनानी भाषा के विद्वान अब भी हैं जो मूल कृति को पढ़कर उनका रसास्वादन कर सकते हैं। आरनाल्ड के अनुसार अनुवाद

1. A translation should give a complete transcript of the ideas of the original work.
2. The style and manner of writing should be of the same character as that of the original.
3. A translation should have all the ease of the original composition.

के समान प्रभाव के निर्णय का आधार ये उभय भाषा के विद्वान हो सकते हैं। आरनाल्ड के अनुसार अनुवादक को मूल रचनाकार से अपना तादात्म्य स्थापित कर लेना चाहिए, मूल रचनाकार की साहित्यिक तथा शैलीगत विशेषताओं को आत्मसात कर लेना चाहिए और फिर जहाँ तक हो सके उसे अपनी भाषा में संप्रेषित करना चाहिए। वे निष्ठा (फिडलिटी) को भी अनुवादक का अनिवार्य गुण मानते हैं। उनके विचार में निष्ठा मूल रचनाकार के वस्तुतत्व का अनुकरण करने में नहीं, शैली और लय का अनुकरण करने में है क्योंकि कवि का वास्तविक प्रभाव उसके शब्दों में नहीं उसकी शैली में निहित होता है।

आरनाल्ड का यह विचार कि श्रेष्ठ अनुवाद का मानदण्ड उभय-भाषाओं के विद्वानों पर उसका समतुल्य प्रभाव हो सकता है, आज उतना मान्य नहीं रहा है। परन्तु "अनुवाद का पाठकों पर समतुल्य प्रभाव" वाले सिद्धान्त को कई विद्वानों ने मान्यता प्रदान की है। इसका कारण यह है कि अनुवाद की श्रेष्ठता का सबसे बड़ा निर्णायक तत्त्व उसका पाठक वर्ग ही होता है। ई० वी० रियू 'समतुल्य प्रभाव' के सिद्धांत को अनुवाद की श्रेष्ठता का सबसे बड़ा मानदण्ड मानते हैं। यूजीन नीड़ा द्वारा प्रतिपादित "गतिशील समतुल्यता" का आधार भी समतुल्य प्रभाव है।

६.११. फिट्ज जेराल्ड (१८०३-१८८३)

उमर खय्याम की रुबाइयों के प्रसिद्ध अनुवादक फिट्ज जेराल्ड के अनुसार भावानुवाद ही शब्दानुवाद से श्रेष्ठ होता है क्योंकि शब्दानुवाद में मूल की आत्मा का हनन होता है। फिट्ज जेराल्ड कहते हैं कि मेरा विश्वास है कि अनुवादक को मूल रचना का अपनी रुचि के अनुसार संस्कार करना चाहिए।[१] उसके अनुसार एक जीवित गौरेया मृत गिद्ध से श्रेष्ठ होता है।[२]

६.१२. ब्लाडिमिर प्रोचाजका

बीसवीं शताब्दी में जिन विद्वानों ने भाषा वैज्ञानिक दृष्टि से अनुवाद पर विचार किया, उनमें प्रागभाषा वैज्ञानिक स्कूल के प्रोचाजका का महत्त्वपूर्ण स्थान है। उन्होंने अनुवाद में तीन मूलभूत सिद्धान्तों पर बल दिया है। वे हैं-

(१) अनुवादक को विषयवस्तु और शैलीगत दृष्टि से मूल के शब्दों को समझना चाहिए।

(२) उन दोनों भाषाओं की भाषिक संरचना के अन्तर को पार करना चाहिए।

(३) उसे मूल की शैलीगत संरचनाओं की पुनर्रचना अपने अनुवाद में करनी चाहिए।

(४) अनूदित कृति का पाठकों पर वैसा ही प्रभाव पड़ना चाहिए जैसा मूल कृति का पड़ता है।

---

1. 'I am persuaded that the translator must recast that original into his own likeness.'
2. 'A live sparrow is better than a stuffed eagle.'

६.१३. थियोडर सेवरी

थियोडर सेवरी ने अपने 'अनुवाद-कला' नामक ग्रन्थ में बताया है कि अनुवाद के अधिकांश सिद्धान्त परस्पर विरोधी हैं। इसका कारण वे यह बताते हैं कि जिन व्यक्तियों ने अनुवाद पर विचार किया है, उनमें प्रायः कोई मतैक्य नहीं दिखाई पड़ता। अनुवाद के इन परस्पर विरोधी सिद्धांतों को उन्होंने संक्षेप में यों प्रस्तुत किया है-

(१) अनुवाद मूल के शब्दों पर आधारित होना चाहिए।
(२) अनुवाद मूल के भाव का ही होना चाहिए।
(३) अनुवाद मौलिक रचना जैसा लगना चाहिए।
(४) अनुवाद अनुवाद लगना चाहिए।
(५) अनुवाद में मूल की शैली प्रतिबिंबित होनी चाहिए।
(६) अनुवाद की शैली अनुवादक की अपनी शैली होती है।
(७) अनुवाद मूल की समसामयिक रचना जैसा लगना चाहिए।
(८) अनुवाद अनुवादक की समसामयिक रचना जैसा होना चाहिए।
(९) अनुवाद में कुछ जोड़ा या घटाया जा सकता है।
(१०) अनुवाद में मूल से कुछ भी घटाया या बढ़ाया नहीं जा सकता।
(११) कविता का अनुवाद पद्य में हो।
(१२) कविता का अनुवाद गद्य में हो।

सेवरी ने इन परस्पर विरोधी सिद्धान्तों पर विस्तार से विचार किया है और एक तरह से वे मानते हैं कि इनमें से प्रत्येक सिद्धान्त का अपना महत्त्व है। इसलिए कहीं-कहीं एक बीच का मार्ग अपनाना ही श्रेयस्कर होगा।

अनुवाद के परस्पर विरोधी विचारों के बीच एक मध्य मार्ग अपनाने के उपर्युक्त सुझाव को मानकर यदि हम अनुवाद-सिद्धांत की परंपरा का अवलोकन करेंगे तो निम्नलिखित सामान्य सिद्धान्त को कायम कर सकते हैं

(१) शब्दानुवाद से भावानुवाद श्रेष्ठ होता है तो भी कहीं-कहीं हमें शब्दानुवाद भी अपनाना पड़ता है। श्रेष्ठ अनुवाद में शब्दानुवाद एवं भावानुवाद का समन्वय होता है।

(२) अनुवाद एक पुनः सृजन है, इसलिए वह मौलिक कृति जैसा होना चाहिए यद्यपि दोनों की सृजन-प्रक्रिया में अन्तर है। साथ ही मूल की विशेषताओं को भी उसमें कायम रखना होता है, इसलिए अनुवाद अनुवाद लगेगा ही और एक हद तक ऐसा लगना भी चाहिए।

(३) मूल के मुहावरों, वाक्यों आदि की शैलीपरक विशेषताएँ अनुवाद में प्रतिबिंबित

रचना में प्रतिफलित होती है।

(४) मूल कृति की समकालीन चेतना अनूदित रचना में भी उतरती है, परन्तु अनुवादक की समकालीन चेतना भी किसी न किसी रूप में अनूदित कृति में सम्मिलित रहती है। क्लासिक एवं प्राचीन कृतियों के अनुवाद में यह विशेष रूप से देखा जा सकता है।

(५) अनुवाद का वैसा ही प्रभाव पड़ना चाहिए जैसा मूल कृति का पड़ा था, लेकिन अनूदित कृति के प्रभाव में और मूल कृति के प्रभाव में एक अन्तर होता है, इस तथ्य को भी पूर्ण रूप से अनदेखा नहीं कर सकते।

(६) अनुवाद में मूल से कुछ भी घटाया या बढ़ाया नहीं जा सकता, तो भी कुछ संदर्भों में घटा-बढ़ी करनी ही पड़ती है।

(७) कविता का अनुवाद यद्यपि पद्य में ही करना अच्छा होता है तो भी गद्य में भी अच्छे काव्यानुवाद किये गये हैं, एक मध्य मार्ग के रूप में ऐसे लययुक्त गद्य का भी प्रयोग कर सकते हैं, जिसमें मूल के संगीत तथा लयात्मकता को बहुत हद तक संप्रेषित किया जा सके।

(८) अनुवाद एक कला है, साथ ही उसकी प्रक्रिया पूर्ण रूप से वैज्ञानिक भी है, इसलिए उसे एक वैज्ञानिक कला मान सकते हैं और अनुवादक को एक वैज्ञानिक कलाकार।

(९) अनुवाद में मूल के पद-क्रमों को बनाये रखना आवश्यक होता है, परन्तु लक्ष्य भाषा की प्रकृति के अनुसार पद-क्रम को बदलना भी पड़ता है।

(१०) जहाँ तक हो सके अनुवाद सुबोध, स्पष्ट एवं सरल भाषा में होना चाहिए परन्तु जहाँ मूल में ही दुरूहता एवं संदिग्धता वर्तमान हो तो अनुवादक केवल मूलानुगामी होने के लिए बाध्य होता है।

अनुवादक के समकालीन सिद्धान्त प्रमुख रूप से अनुवाद की समस्याओं के भाषावैज्ञानिक अध्ययन की उपज हैं। भाषाविज्ञान के अन्तर्गत अर्थविज्ञान, प्रतीकविज्ञान, शैलीविज्ञान, समाज भाषाविज्ञान आदि जिन शाखाओं का विकास हुआ है, उनका अनुवाद की समस्याओं के समाधान में प्रयोग ही अनुवाद के आधुनिक एवं समकालीन सिद्धान्तों का आधार है। अतः अनुवाद की समस्याओं की सैद्धान्तिक पृष्ठभूमि पर इन सिद्धान्तों को ठीक तरह से समझा जा सकता है।

७. अनुवाद की भाषावैज्ञानिक समस्याएँ : सैद्धांतिक रूपरेखा

७.१. अनुवाद की भाषावैज्ञानिक समस्याएँ

अनुवाद में समतुल्यता की खोज करते समय अनुवादक को अनेक समस्याओं का समाधान करना पड़ता है। अनुवाद में समस्याएँ उत्पन्न होने का प्रमुख कारण है भाषाओं की भिन्न प्रकृति। यद्यपि विभिन्न भाषा-भाषी मानवसमूहों के बीच एक समान भावसंप्रेषण का आधार विद्यमान रहता है, तो भी उसमें अभिव्यक्तिगत, अर्थगत, सांस्कृतिक आदि अनेक कारणों से ऐसी भिन्नताएँ हो जाती हैं, जिसके कारण अनुवादक को कई समस्याओं का सामना करना पड़ता है। अनुवाद की ये समस्याएँ प्रमुख रूप से अर्थ तत्त्व और शैली तत्त्व की टकराहट से जन्म लेती हैं। इस कारण से अनुवाद की समस्याओं को प्रमुख रूप से दो भागों में विभाजित कर सकते हैं।

(१) अर्थपरक समस्याएँ

(२) शैलीपरक समस्याएँ

७.१.१. अनुवाद में अर्थ की समस्याएँ

७.१.१.१. शब्दानुवाद बनाम भावानुवाद की समस्याएँ

अनुवाद में प्रमुख रूप से अर्थ का ही संप्रेषण होता है, इसलिए मूल रूप से अर्थ-तत्त्व ही अनुवाद की नींव है। अर्थ का अन्तरण करते समय, शब्दानुवाद करना है अथवा भावानुवाद, यह समस्या अनुवादकों के सामने हमेशा रही है और यह अनुवाद में अर्थ-तत्त्व की आधारभूत समस्या है। यह कठिनाई प्रत्येक भाषा की भिन्न अर्थ-संरचना के कारण उत्पन्न होती है। प्रत्येक भाषा में प्रतीकों की एक खास व्यवस्था होती है। व्याकरणिक संरचना के अंतर के कारण इनके अर्थ-तत्त्व में भी अन्तर हो जाता है। "प्रायः स्रोत भाषा की अभिव्यक्ति से जो अर्थ निकलता है, वह लक्ष्य भाषा की अभिव्यक्ति से व्यक्त होने वाले अर्थ की तुलना में या तो विस्तृत होता है, या संकुचित या कुछ भिन्न होता है, या फिर इनमें से दो या अधिक का मिश्रण। साथ ही दोनों भाषाओं की अभिव्यक्ति इकाइयों (शब्द, शब्दबंध, पद, पदबंध, वाक्यांश, उपवाक्य, वाक्य, मुहावरे, लोकोक्तियाँ) के प्रसंग-साहचर्य भी सर्वदा समान नहीं होते-हो भी नहीं सकते।"[१] अर्थ की सबसे बड़ी कठिनाई यह है कि एक ही शब्द के अनेक अर्थ होते हैं और इसका अर्थ संदर्भ पर ही निर्भर होता है। अर्थ के अन्तरण में संदर्भ का बड़ा महत्त्व होता है। ये संदर्भ प्रमुख रूप से साहचर्य के साथ

जुड़े होते हैं इसी कारण से मालिनाव्स्की और फिर्थ इसे साहचर्य का संदर्भ (context of association) कहते हैं। अनेक शब्दों के अनुवाद में साहचर्य के साथ जुड़े हुए इस संदर्भ का अन्तरण बहुत ही कठिन हो जाता है, क्योंकि एक भाषा में एक खास शब्द का जो साहचर्य होता है, वह अन्य भाषा में मिल नहीं सकता। भारतीय विचारधारा के अनुसार वाक्य, प्रकरण, अर्थ, औचित्य, देश, काल, संसर्ग, विप्रयोग, साहचर्य, विरोधिता, लिंग, अन्य शब्द, सन्निधि, सामर्थ्य, व्यक्ति एवं स्वर- इन उपायों के द्वारा ही शब्दार्थ की ठीक-ठीक पहचान हो सकती है। शब्दानुवाद अथवा शब्द का अभिधेयार्थ मात्र लेने पर समस्याएँ उत्पन्न होती हैं। इसका प्रमुख कारण यह भी है कि प्रत्येक शब्द के लिए अन्य भाषा में समान शब्द मिल जाएगा यह धारणा भी निर्मूल है। इसके अलावा जहाँ समान शब्द मिल भी जाते हैं, वहाँ समान शब्द से अनुवाद करने में भी कई कठिनाइयाँ आ जाती हैं।

शब्दानुवाद के प्रमुख रूप से तीन दोष बताये जा सकते हैं-

(१) शाब्दिक अनुवाद से अर्थ का अनर्थ हो सकता है।

(२) इसके कारण ही अनुवाद में दुरूहता आती है।

(३) शब्दानुवाद से ऐसे अनेक शब्द बनते हैं जो भाषा की प्रकृति के विपरीत होंगे।

भावानुवाद में भावों, विचारों एवं अर्थों के बिंब ही प्रतिबिंबित किये जातें हैं। आधुनिक भाषा वैज्ञानिकों के अनुसार प्रत्येक शब्द में निम्नलिखित स्थितियों में भावानुवाद आवश्यक हो जाता है।[1]

(१) शब्दों का अर्थ वाक्य में प्रयुक्त होने पर उसका अभिधेयार्थ या कोशार्थ मात्र नहीं रह जाता।

(२) शब्द-क्रम के परिवर्तन और बलाघात, स्वराघात आदि के कारण अर्थ में अन्तर आ जाता है।

(३) अन्य शब्दों के संयोग से शब्द का अभिधेयार्थ बिलकुल नष्ट हो जाता है और उसमें गहरा अर्थ संगुंफित हो जाता है।

रूसी विद्वान नावोकोव सुन्दर भावानुवाद की अपेक्षा भौंड़े किन्तु शाब्दिक अनुवाद को अच्छा मानते हैं तो फिट्ज जेराल्ड मूल से किंचित भिन्न होने पर भी भावानुवाद को श्रेष्ठ मानते हैं। परन्तु जैसा कि हमने स्पष्ट किया है, अनुवाद के व्यावहारिक पक्ष को लेते समय हम कह सकते हैं कि एक मध्य मार्ग ही श्रेयस्कर होता है, अर्थात् जहाँ तक हो सके, शब्द-निष्ठ भोंड़े अनुवाद की अपेक्षा भावानुवाद की शैली अपनाएँ, परन्तु जहाँ

---

1. इसी के आधार पर आइ० ए० रिचार्ड्स ने अर्थ के प्रसंग में 'संदर्भ सिद्धांत' (contextual theory) का विकास किया है।

2. 'Translation, in Malinowski's words implies' the Unification of Cultural Context'-R. H. Robins-'General Linguistics : An Introductory Survey'-p. 28.

भी आवश्यक हो, शाब्दिक अनुवाद को भी अपनाते चलें।

७.१.१.२. सामाजिक-सांस्कृतिक समस्याएँ

अनुवाद में अर्थ की सबसे बड़ी समस्या सामाजिक-सांस्कृतिक तत्त्वों के अन्तरण में उत्पन्न होती है। "मानव जिस प्रकार किसी न किसी सभ्यता संस्कृति को लेकर चलता है, उसी प्रकार उसकी भाषा भी किसी न किसी सभ्यता संस्कृति के परिवेश में प्रवाहमान है।" प्रत्येक भाषा का एक विशिष्ट सांस्कृतिक परिवेश होता है जिसके निर्माण में उस भाषा के बोलने वालों की ऐतिहासिक, नृतत्वशास्त्रीय, सामाजिक एवं भौगोलिक परिस्थितियों का हाथ रहता है। प्रत्येक भाषा में ऐसे अनेक सामाजिक सांस्कृतिक शब्द होते हैं, जिनके पीछे एक सुदीर्घ ऐतिहासिक परंपरा एवं संबद्धताएँ होती हैं। मैलिनोव्स्की आधुनिक युग के प्रसिद्ध नृतत्वविज्ञानी हैं जिन्होंने अनुवाद की सामाजिक-सांस्कृतिक समस्या पर गम्भीर रूप से विचार किया है। ट्रोबियान द्वीप (न्यू गिनिया) के आदिवासियों की भाषा के अनेक विशिष्ट शब्दों का अनुवाद करते समय ही उन्होंने अपने अर्थ-परक सिद्धांत 'साहचर्य का संदर्भ' को रूप दिया था। उनके अनुसार अनुवाद की प्रमुख कठिनाई का कारण शब्दों के पीछे निहित सांस्कृतिक संदर्भ है। यह सांस्कृतिक संदर्भ उसके बोलने वालों के रीति-रिवाज, आचार-विश्वास आदि पर आधारित है। इस कारण मैलिनोव्स्की के अनुसार अनुवाद से मतलब "सांस्कृतिक संदर्भों का ऐक्य अथवा समतुल्यता" से है।[३] इसी की व्याख्या करते हुए रिचार्ड्स और ऑगडन बताते हैं कि शब्द और अर्थ उसके बोलनेवालों के सांस्कृतिक परिवेश से भिन्न अस्तित्व नहीं रखते। अनुवाद में समतुल्यता की खोज करते समय यह सांस्कृतिक संदर्भ पर प्रश्नचिन्ह बन जाता है।

लेखक, मूल रचना का सांस्कृतिक परिवेश, लेखक की अनुभूति एवं रचना की कलात्मकता को अनुवाद में अनुवादक तथा उसकी अनुभूति एवं अनूदित रचना के सांस्कृतिक परिवेश द्वारा प्रतिस्थापित किया जाता है। जब मूल तथा अनुवाद का मिलान किया जाएगा, तब रचना के ये सारे अंग उसमें ज्यों के त्यों आ जाने चाहिए। परंतु किसी जनता के रीति-रिवाज, उत्सव, पर्व, समारोह तथा अन्य सांस्कृतिक संदर्भों से सम्बन्धित शब्द, वाक्यांश मुहावरे, संवाद, वर्णन आदि के अनुवाद में कठिनाइयाँ उपस्थित होती हैं। अनुवाद में मूल के सांस्कृतिक परिवेश को प्रतिबिंबित करना अनुवादक के लिए अनिवार्य भी हो जाता है, इस सम्बन्ध में डॉ० माचवे लिखते हैं-"अनुवादक अथवा रूपांतरकार प्राय: मूल रचना में वर्णित स्थितियों के लिए लगभग उनसे मिलती-जुलती स्थितियों का वर्णन कर देते हैं, और यहाँ तक कि मूल कृति में आये नामों और रीतिरिवाजों के वर्णन में भी परिवर्तन कर देते हैं। अनुवाद सम्बन्धी ये पद्धतियाँ अनुवाद की प्रमुख समस्याओं का तो समाधान करती नहीं, बल्कि समस्या से पलायन ही कराती हैं।[४]

विभिन्न युगों के समाज के बीच में ही नहीं, बल्कि समकालीन समाज के बीच भी

सांस्कृतिक भिन्नता मौजूद रहती है, जो अनुवाद में कठिनाई का कारण बनती है। जिन भाषाओं के बीच सांस्कृतिक समानता जितनी अधिक होती है, उनके बीच अनुवाद करने में भी उतनी ही सुविधा होती है, लेकिन संस्कृति में जहाँ अन्तर हो जाता है, वहाँ अनेक समस्याएँ उत्पन्न हो जाती हैं। पाठकों की कठिनाई यह होती है कि वे अपनी भाषा के सांस्कृतिक परिवेश में ही स्रोतभाषा की संस्कृति के प्रति अपनी प्रतिक्रिया प्रकट करते हैं। इस स्थिति में समान प्रभाव उत्पन्न करना टेड़ी खीर है। नीड़ा के अनुसार गतिशील सम्बन्ध द्वारा ही ऐसे संदर्भ में अनुवादक इन समस्याओं का समाधान कर सकता है।

नीड़ा के कथन का तात्पर्य यह है कि वृत्तवाली संस्कृति के अन्दर अभिव्यक्त संदेश के प्रति पाठक की जो प्रतिक्रिया होती है, पाठक पर मूल की पाठ्य सामग्री का जैसा प्रभाव पड़ता है, अनुवाद करने पर उसी प्रकार की प्रतिक्रिया अथवा प्रभाव लक्ष्य भाषा की संस्कृति (त्रिकोण) के अन्दर भी होना चाहिए।[१] ऐसी भिन्न संस्कृतियों के बीच अनुवाद करते समय मूल के परिवेश के प्रति ईमानदारी बरतने के साथ ही लक्ष्य भाषा के पाठकों के परिवेश और मनोवैज्ञानिक दृष्टिकोण को भी अनुवादक को ध्यान में रखना पड़ता है।

७.१.१.३. समान शब्दावली में अर्थ की समस्याएँ

जो भाषाएँ एक दूसरे के निकट होती हैं अथवा जिनकी समान सांस्कृतिक पृष्ठभूमि रहती है, उनमें समान शब्दावली की मात्रा भी बढ़ी हुई होती है। समान शब्दावली के प्रमुख स्रोत हैं-आगत शब्दावली तथा भाषाओं का समान स्रोत। भारत की आर्य परिवार की भाषाओं में तथा द्रविड़ परिवार की भाषाओं में संस्कृत के समान शब्द ५० प्रतिशत से अधिक मिलते हैं। हिन्दी और मलयालम में तो समान संस्कृत शब्दों की मात्रा ६० प्रतिशत से अधिक होगी। परन्तु समान शब्दावली जहाँ अनुवादक के काम को सुगम बनाती है, वहाँ अर्थ के अन्तर के कारण वह उलझन में भी पड़ जाता है। समान शब्दों में से अधिकांश तो केवल रूप सादृश्य मात्र रखते हैं, उनका अर्थ कभी-कभी बिल्कुल भिन्न हो जाता है। अनुवादक जहाँ समान शब्दों को अपनाने के लोभ से बच नहीं पाता है, वहाँ पर अर्थ के अन्तर के कारण वह धोखे में पड़ जाता है। मारियो पाई इस प्रकार के शब्दों को "धोखा देनेवाले समान शब्द" कहते हैं। उन्होंने इस प्रकार के कुछ मजेदार उदाहरण भी दिये हैं। मराठी और हिन्दी के परस्पर अनुवाद पर विचार करते हुए डॉ० शान्तिस्वरूप गुप्त ने समान शब्दावली अनुवाद की तीन प्रमुख समस्याओं का उल्लेख किया है।

(१) भ्रामक अनुरूपता
(२) अर्थ छाया
(३) शब्द छाया

भिन्नार्थक समान संस्कृत शब्दों के अर्थ का वैभिन्न्य प्रमुख रूप से अर्थ संकोच, अर्थादेश

तथा अर्थ विस्तार की प्रवृत्तियों के कारण होता है। इस कारण से संस्कृत की समान शब्दावली में अर्थ की समस्याओं का अध्ययन इन तीनों शीर्षकों के अन्तर्गत हो सकता है। इस समस्या का एक सामान्य व्यावहारिक समाधान यह है कि जहाँ भ्रामक अनुरूपता हो, वहाँ पर अनुवाद में स्रोत भाषा का अर्थ दें, परन्तु जहाँ अर्थ-छाया होती है, वहाँ पर प्रयोगौचित्य को ही मानदण्ड बनाकर मूल शब्द को अपनाया जा सकता है अथवा अर्थ मात्र दे सकते हैं। हिन्दी और अन्य भारतीय भाषाओं के संदर्भ में इस समस्या को विशद रूप से समझ सकते हैं।

७.२. अनुवाद की शैलीपरक समस्याएँ

अनुवाद में शैली की समस्या एक टेढ़ी समस्या है। अनुवाद पर विचार करने वाले आधुनिक विद्वानों ने अनुवाद में अर्थ-तत्त्व के साथ-साथ शैली तत्त्व के महत्त्व पर प्रकाश डाला है। ब्लाडिमिर प्रोचाजका मूल की शैली का विश्लेषण तथा उसके लिए लक्ष्य भाषा में "समतुल्य शैलीगत संरचना" पर बल देते हैं। अनुवादक को मूल लेखक की शैली के हर पहलू को समझना आवश्यक होता है तभी वह 'शैलीगत समतुल्यता' की खोज कर सकता है। परन्तु इसमें कठिनाई यह होती है कि प्रत्येक भाषा की शैलीगत संरचनाओं में कुछ अन्तर हो जाता है। इस शैलीगत भिन्नता के कारण स्रोत-भाषा और लक्ष्य-भाषा के बीच एक खाई उत्पन्न हो जाती है। अनुवाद की प्रक्रिया में यह भी एक महत्त्वपूर्ण तथ्य है कि अनुवादक मूल भाषा की शैली को तो बहुत हद तक बदल देता है, परन्तु मूल लेखक की शैली को तो सुरक्षित रखता है। भाषा की शैली से मतलब है अभिव्यंजना के प्रकार से और लेखक की शैली का मतलब है उस अभिव्यंजना के विधान में लेखक के व्यक्तिगत चुनाव और रूचि से। भाषा की शैली के संदर्भ में अनुवाद की शैलीगत कई सामान्य समस्याएँ आती हैं जबकि लेखक की शैली प्रत्येक लेखक की अपनी होती है, इसलिए उसकी समस्याएँ विशिष्ट हो सकती हैं। यहाँ पर हम शैली के उस व्यापक परिप्रेक्ष्य को ही लेंगे जिसके अन्तर्गत हिन्दी और अन्य भाषाओं के परस्पर अनुवाद की सामान्य शैलीगत समस्याओं पर विचार कर सकें। लेखक की शैली भी एक हद तक उसकी भाषा के व्यापक शैली स्वरूप का अंग ही होता है। इस कारण से शैली की सामान्य समस्याओं के अन्तर्गत दो भाषाओं की शैलीगत संरचना की लगभग सभी समस्याएँ समाहित हो जाती हैं। उदाहरण के लिए प्रसाद, प्रेमचन्द, नेहरू या गाँधी की रचनाओं के अनुवाद में भिन्न-भिन्न शैलियों को अपनाना पड़ेगा। परन्तु इनकी रचनाओं के अनुवाद में अनेक ऐसी सामान्य शैलीगत समस्याएँ भी आती हैं जो भाषा की शैलीगत संरचना या गठन से सम्बन्धित होती हैं। आधुनिक शैलीविज्ञान में शैली का अध्ययन 'नार्म' से विचलन के रूप में किया जाता है। सोल सपोर्टा के अनुसार यह विचलन दो प्रकार का होता है-

(१) व्याकरणिक नियमों से रहित प्रयोग अथवा व्याकरण विरोधी प्रयोग।

(२) छन्द आदि के द्वारा निर्मित बन्धन जो सामान्य भाषा में दिखाई नहीं पड़ता।

इस आधार पर शैली का अध्ययन करने वालों ने रूपांतरणात्मक तथा सांख्यकीय प्रणाली से काव्य तथा साहित्यिक भाषा का विश्लेषण किया है। अनुवाद के संदर्भ में शैलीविज्ञान का यह दृष्टिकोण उपयोगी नहीं होगा। अनुवाद की शैलीपरक समस्याओं के विश्लेषण में शैली के प्रति दृष्टिकोण निम्नलिखित आधार पर होगा-

(१) शैली से तात्पर्य अभिव्यंजना की प्रणाली से है। सेंथाल की यह परिभाषा इस संदर्भ में सार्थक है कि किसी विचार या कथ्य को उसके समग्र प्रभाव के साथ अभिव्यक्त करने के लिए जो सहायक तत्त्व होता है, उसे शैली कह सकते हैं।

(२) अनुवाद के संदर्भ में शैली का अध्ययन व्यतिरेकी शैलीविज्ञान के आधार पर किया जाएगा। व्यतिरेकी शैलीविज्ञान का आधार होगा स्रोतभाषा एवं लक्ष्य भाषा का शैलीपरक साम्य और वैषम्य।

(३) प्रत्येक भाषा की जो सामान्य शैली है वही उसका 'नार्म' है और 'विचलन' से तात्पर्य है लेखक की वैयक्तिक शैली अर्थात् भाषा की शैली में से लेखक का वैयक्तिक चुनाव।

(४) शैली को 'अभिव्यंजना की प्रणाली' मान लेने पर ध्वनिपरक, शब्दपरक एवं व्याकरणिक दृष्टि अभिव्यंजना के जो विशिष्ट तत्त्व होंगे, उन्हीं का अध्ययन शैली के अन्तर्गत किया जाएगा। अर्थ को निहित तत्त्व के रूप में शैली से जुड़े अन्तरंग तत्त्व के रूप में देखना होगा।

अक्सर विद्वान यही मानते आ रहे हैं कि शैली-तत्त्व कविता तथा सृजनात्मक साहित्य के अनुवाद में ही महत्त्वपूर्ण है। परन्तु वास्तविकता यह है कि वैज्ञानिक साहित्य, व्यावसायिक पत्र, कानूनी अभिलेख आदि में भी शैली का स्थान कम महत्त्वपूर्ण नहीं है। इन सब मे शैलीगत समस्याएं प्रमुख रूप से भाषा की शैलीगत संरचना के वैशिष्ट्य के कारण उत्पन्न होती हैं। लेकिन यह तो मानने की बात है कि कविता के अनुवाद में शैलीगत नियंत्रण अधिक महत्त्वपूर्ण हो जाता है क्योंकि कविता की आत्मा अथवा अर्थ उसके रूपगत कलेवर पर निर्भर रहता है। भाषाओं के बीच जो शैलीगत अन्तर दिखाई देता है, वह एक अत्यन्त जटिल भाषा वैज्ञानिक प्रक्रिया है। इस जटिलता के कारण अनुवादक के कार्य में समस्याएँ ही समस्याएँ दिखाई पड़ती हैं। अनुवाद में शैली की समस्याओं के अध्ययन के लिए कैटफ़ोर्ड आदि भाषावैज्ञानिकों के अध्ययन से सहारा लेते हुए इन समस्याओं को प्रमुख रूप से चार स्तरों में विभाजित कर सकते हैं-

(१) स्वनिम स्तरीय समस्याएँ
(२) शब्दस्तरीय समस्याएँ
(३) रूपस्तरीय समस्याएँ एवं

(४) वाक्यस्तरीय समस्याएँ

अनुवाद की भाषावैज्ञानिक समस्याओं का प्रारूप इस प्रकार दिखाया जा सकता है-

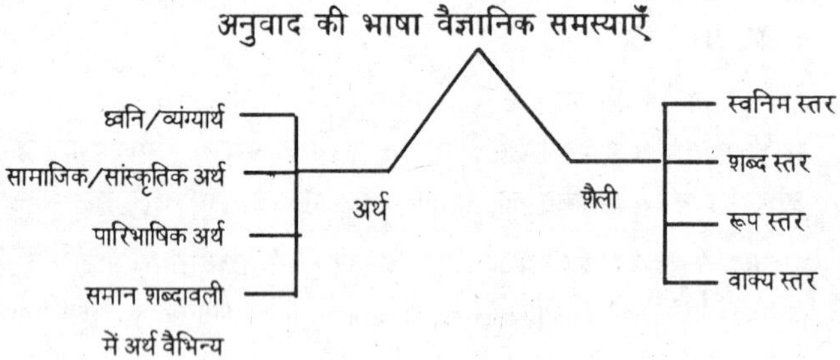

आगे इन समस्याओं का अनुप्रयोगात्मक अध्ययन हिन्दी तथा अन्य भाषाओं के परस्पर अनुवाद के संदर्भ में प्रस्तुत करेंगे।

८. अनुवाद की भाषावैज्ञानिक समस्याएँ : एक अनुप्रयोग

८.१. अर्थ की समस्याएँ

८.१.१. **व्यंग्यार्थ के अनुवाद की समस्या**-अर्थ की पहली समस्या है अभिधेय अर्थ से इतर व्यंग्यार्थ की समस्या। अनुवाद में कई स्थलों पर अभिधेयार्थ के साथ-साथ लक्ष्यार्थ और व्यंग्यार्थ को भी लक्ष्य पाठ में संप्रेषित करना पड़ता है। ललित साहित्य, विशेषकर कविता, नाटक आदि में अभिधेयार्थ का महत्त्व नहीं, रस, भाव, वस्तु आदि का विशेष महत्त्व होता है। परन्तु भाषाओं की भिन्न प्रकृति के कारण कहीं-कहीं यह व्यंग्यार्थ अनुवाद में उतारना कठिन हो जाता है।

व्यावहारिक समाधान-व्यंग्यार्थ को पूरी तरह अनुवाद में उतारना तो कठिन होता है। पाद-टिप्पणी, अतिरिक्त सूचनाएँ, व्याख्यात्मक शब्द, श्लेषार्थ आदि की सूचना देते हुए व्यंग्यार्थ को अधिक से अधिक संप्रेषित करने का प्रयास अनुवादक कर सकता है। इसके लिए तीन सिद्धान्त अपना सकते हैं-

(१) ऐसी स्थिति हो सकती है, जब लक्ष्य भाषा में केवल भाव को समझाना पड़ता हो, ऐसे स्थलों पर अनुवादक को शब्दानुवाद नहीं करना चाहिए। भावानुवाद के लिये वर्णनात्मक शैली अपना सकते हैं।

(२) जब मूल शब्द समग्र अभिव्यक्ति का अभिन्न अंग हो, तो उसको ज्यों का त्यों देकर उसकी व्याख्या पाद-टिप्पणी में दे सकते हैं।

(३) शब्दानुवाद करके अतिरिक्त अर्थ की सूचना कोष्ठक में या पाद-टिप्पणी में दे दें। शब्दानुवाद बनाम भावानुवाद की सबसे बड़ी कठिनाई यह है कि एक ही शब्द के अनेक अर्थ और अनेक प्रयोग होते हैं जिनमें अर्थ की बारीक छटाएँ हो सकती हैं। उदाहरण के लिये हिन्दी 'रंग' शब्द के अनुवाद को ही लें। रंग शब्द के अनेकार्थी प्रयोग होते हैं, जिनमें से कुछ प्रमुख प्रयोग इस प्रकार हो सकते हैं-

इन प्रयोगों में से रंग पकड़ना, रंग देना, रंगीन का शब्दानुवाद अन्य भाषाओं में हो सकता है। परन्तु अन्य प्रयोगों का शब्दानुवाद करने पर उनमें निहित व्यंग्यार्थ या ध्वनि नष्ट हो जाती है।

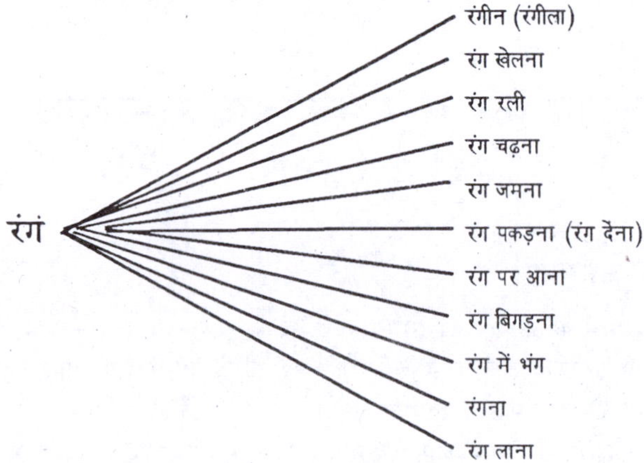

इसी तरह का व्यंजनापूर्ण प्रयोग हिन्दी में 'पानी' शब्द के मिलते हैं। उदाहरण के लिये रहीम का निम्नलिखित दोहा ही लें-

"रहिमन पानी राखिए, पानी बिन सब सून।
पानी गये न ऊबरे, मोती मानुस चून।"

इसमें पानी शब्द का शब्दानुवाद करें तो इस पद्यांश का सारा सौंदर्य चला जाएगा, निहित व्यंजना को भी समझाने की आवश्यकता पड़ेगी। हिन्दी के 'अड्डा' शब्द के लगभग निम्नलिखित अर्थ हैं-

अड्डा- **इकट्ठा होने की जगह,**
डेरा, इक्के ताँगों के रुकने की जगह,
केन्द्र स्थान, कबूतरों की छतरी,
जुलाहे का करघा, छीपी का गद्दा
पुलिस चौकी, बस अड्डा आदि।

अड्डा शब्द के लिये मलयालम में कोई एक समान शब्द नहीं मिलेगा। केवल कुछ संदर्भों में 'तावलं' शब्द का प्रयोग हो सकता है जैसे हवाई अड्डा-विमान तावलं। परन्तु बस अड्डे का अनुवाद "बसतावलं" नहीं हो सकता। सम्मिलित रूप से अड्डा शब्द का जहाँ ध्वनिपूर्ण प्रयोग होता है, वहाँ तो शब्दानुवाद अपर्याप्त हो जाता है।

हिन्दी का 'राम कहानी' शब्द, राम कथा, लम्बी कथा, व्यर्थ की लम्बी कथा, दुःख की कथा आदि अर्थों में प्रयुक्त होता है जिसके लिये भी शब्दानुवाद बिलकुल अपर्याप्त होगा। इसी प्रकार हिन्दी के 'सन्त', 'मर्यादा', 'सुहाग', 'महाराज', 'महाजन', 'नाज', 'अन्दाज', 'बेकरार', 'अदाएँ', 'लचक' आदि शब्दों में भी अक्सर अर्थ की एक ध्वनि होती है जिसे शब्दानुवाद द्वारा प्रकट करना मुश्किल हो जाता है। इसी प्रकार 'मोटी आवाज', 'मोटा

वस्त्र', 'मोटे तौर पर' 'मोटी अक्ल', इनका भी शब्दानुवाद नहीं किया जा सकता।

अनुवाद में अर्थ की ध्वनि कैसे नष्ट हो जाती है इसके लिए एक अच्छा उदाहरण 'कामायनी' के अंग्रेजी अनुवाद में मिल सकता है-

"नीचे जल था, ऊपर हिम था,
एक तरल था, एक सघन था,
एक तत्त्व की ही प्रधानता
कहो उसे जड़ या चेतन।" का अंग्रेजी अनुवाद किया गया है-

"Below him was water, snow above,
Liqued the one, the other solid was.
One element alone dominian held,
call it inanimate or animate."

यहाँ पर 'जड़' और 'चेतन' शब्द का अनुवाद 'inanimate' or animate किया गया है, लेकिन मूल के 'जड़-चेतन' शब्दों का ध्वन्यर्थ जगत् (matter) और चिति (spirit, conciousness) आदि से है और इस कारण से मूल की दार्शनिक सूचनाएँ अनुवाद में

	हिन्दी	अंग्रेजी
	लाल	Red
१	बच्चा, प्यारा	X
२	लाल रंग	√
३	प्रेम	X
४	आकर्षण, आश्चर्य	X
५	गहरा, उदात्त प्रेम	X
६	X	खतरा

व्यक्त नहीं हो पाती हैं। शब्दों की सूक्ष्म अर्थ छायाएँ भी अनुवाद में कठिनाइयाँ उपस्थित करती हैं। उदाहरण के लिए 'लाल' शब्द के अंग्रेजी अनुवाद की समस्या को ही ले सकते हैं-

कबीर की-

"लाली मेरे लाल की जित देखौं तित लाल,

लाली देखन मैं गयी मैं भी हो गयी लाल," इन पंक्तियों का शब्दानुवाद तो असंभव है। इसके लिये व्यावहारिक समाधान यह है कि जहाँ शब्दानुवाद असंभव हो वहाँ मूल शब्द ही संकेत सहित दें या व्याख्यात्मक ढंग से समझाएँ। इसी संदर्भ में मलयालम के प्रख्यात उपन्यास 'चेम्मीन' और 'दादा का हाथी' के दो उदाहरण उल्लेखनीय हैं। 'चेम्मीन' में जहाँ करुत्तम्मा नामक नायिका अपने पुराने प्रेमी से आलिंगनबद्ध होती है तो उसके मुँह से अत्यन्त तीव्र भावावेशपूर्ण 'एन्टे पोन्निन कुटं' शब्द निकलते हैं जिनका अभिधेयार्थ होगा 'मेरे सुवर्ण घट'। अनुवादिका ने इसके लिये मेरे रत्न भण्डार' अनुवाद दिया है। यद्यपि मलयालम के 'पोन्निन् कुटं' की सम्पूर्ण ध्वनि इस अनुवाद में उतर नहीं सकती, तो भी भाव-तीव्रता का संकेत यह अनुवाद दे सकता है। यह केवल एक कामचलाऊ शब्दानुवाद है। चेम्मीन के अंग्रेजी अनुवादक ने इसका 'माईगेलड पॉट' ऐसा शब्दानुवाद किया है। इसी प्रकार 'दादा का हाथी' में अपन्यास का संपूर्ण व्यंग्य "कुषियाना" शब्द पर निर्भर है। "कुषियाना' का शब्दानुवाद होगा, 'गड्ढे का हाथी', (एक कीड़ा) जो उक्त प्रसंग में निरर्थक है। यहाँ पर अनुवादक ने लम्बी टिप्पणी का ही सहारा लेकर व्यंग्यार्थ को स्पष्ट बनाया है।

८.१.२. हास्य के अनुवाद की समस्याएँ

हास्य तथा हास्य पर आधारित व्यंग्य अनुवाद में कठिनाई उपस्थित करने वाले तत्त्व हैं। हास्य की विशेषता यह है कि वह पाठक या स्रोता तक शीघ्र ही संप्रेषित होता है। अनुवाद में भी यह शीघ्र संप्रेषण कर पाना हमेशा संभव नहीं होता। हास्य प्रमुख रूप से दो प्रकार का होता है-शुद्ध हास्य अथवा हास्य हास्य के लिये तथा सोद्देश्यक हास्य। सोद्देश्यक हास्य अधिकतर व्यंग्यप्रधान होता है। अनुवाद की दृष्टि से भी हास्य का विभाजन दो प्रकार से कर सकते हैं-

(१) सांदर्भिक हास्य।

(२) विशिष्ट अभिव्यक्ति पर आधारित हास्य।

सांदर्भिक हास्य का अनुवाद उतना कठिन नहीं होता । परन्तु विशिष्ट अभिव्यक्ति पर आधारित हास्य का अनुवाद तो कठिन है।

व्यावहारिक समाधान

हास्य जहाँ विशिष्ट अभिव्यक्तियों पर आधारित हो तो अक्सर अनुवाद में उसे

उतार पाना सम्भव नहीं हो पाता। परन्तु कुछ सन्दर्भों में एक हद तक हास्य-रस को अनुवाद में उतार सकते हैं। इसके लिये निम्नलिखित सामान्य व्यावहारिक सिद्धान्त अपना सकते हैं।

(१) अगर सम्भव हो तो लक्ष्य भाषा में कोई लगभग समान हास्योत्पादक प्रयोग ढूँढें।

(२) जहाँ हास्य-व्यंग्य किसी सामाजिक पृष्ठभूमि से युक्त हो अथवा श्लेषार्थी हो तो अतिरिक्त अर्थ की सूचना दें। ऐसे स्थानों पर शब्दानुवाद भी किया जा सकता है अगर उपयुक्त हो तो।

(३) संवादों के अनुवाद में शब्दानुवाद की अपेक्षा, लक्ष्य भाषा की सहजता ही लक्ष्य में रखा जाय।

८.१.३. सामाजिक सांस्कृतिक समस्याएँ

अनुवाद में अनेक ऐसी सामाजिक, सांस्कृतिक समस्याएँ आती हैं जो अनुवादकों के सामने प्रश्न-चिह्न के रूप में खड़ी हो जाती हैं। अनुवाद में प्रमुख रूप से तीन प्रकार की सामाजिक सांस्कृतिक समस्याएँ आती हैं-

(१) ऐसी सामाजिक-सांस्कृतिक शब्दावली जिसके लिये लक्ष्य भाषा में समान शब्द नहीं मिलते।

(२) मुहावरों और लोकोक्तियों के अनुवाद की समस्याएँ।

(३) लोक जीवन से लिये गये बिंब, अलंकार और मिथक के अनुवाद की समस्याएँ।

८.१.४. सामाजिक-सांस्कृतिक शब्दावली

इसके अन्तर्गत प्रमुख रूप से वे सामाजिक-सांस्कृतिक शब्द आते हैं जिनके पीछे एक सुदीर्घ परंपरा होती है, एक खास परिवेश और बोध होता है। इन शब्दों के द्वारा उस भाषा के बोलने वालों के हृदय में एक खास बिंब की सृष्टि होती है। इनमें पामाजिक-सांस्कृतिक क्षेत्र के वे पारिभाषिक शब्द आते हैं जो नये उपकरण, नयी चीजें, भौगोलिक वस्तुएँ, रिश्ते को सूचित करने वाले शब्द देशी तकनीक से सम्बन्धित शब्द आदि होते हैं। इनके अनुवाद में सबसे बड़ी कठिनाई यह है कि एक तो लक्ष्य भाषा में इनके समतुल्य शब्द नहीं मिलते और दूसरी कठिनाई यह है कि इसका शब्दानुवाद करने पर इनका सांस्कृतिक संदर्भ नष्ट हो जाता है। अंतः अनुवादक उलझन में पड़ जाता है।

व्यावहारिक समाधान

सामाजिक-सांस्कृतिक शब्दावली के अनुवाद में निम्नलिखित व्यावहारिक विधियाँ अपना सकते हैं-

(१) मूल शब्द का लगभग समान शब्द लक्ष्य भाषा में हो तो वह दें।

ऐसी स्थिति में कोष्ठक में मूल शब्द भी दे सकते हैं अथवा मत दें।

(२) मूल के शब्द को 'उधार' लें। उधार लेने पर अर्थ को स्पष्ट करने के लिये चार तरीके अपनाये जाते हैं-

(क) उस शब्द को देकर पाद-टिप्पणी में उसके सांस्कृतिक संदर्भ को स्पष्ट करें।

(ख) कहीं-कहीं विवरणात्मक प्रणाली से अनुवाद कर उधार लिये हुए शब्द का तात्पर्य समझाएँ।

(ग) कहीं-कहीं उधार दिये हुए शब्द के साथ विशेषण, प्रत्यय आदि जोड़ कर मूल के सन्दर्भ की ओर संकेत किया जाय।

(घ) कहीं-कहीं केवल उधार दिये हुए शब्द को विवरण के बिना भी दे सकते हैं केवल शर्त यह है कि उक्त परिस्थिति में उस शब्द का अर्थ पाठक को अपने आप स्पष्ट हो जाए।

अनुवाद में समस्याएँ पैदा करने वाली सामाजिक-सांस्कृतिक शब्दावली का वर्गीकरण निम्न आधार पर हो सकता है-

१-पारिवारिक शब्दावली
- (१) रिश्तेदारी के शब्द
- (२) संयुक्त परिवार से सम्बन्धित शब्द।

२-सामाजिक शब्दावली
- (१) सामाजिक व्यवहार के शब्द
- (२) व्यावसायिक शब्दावली
- (३) वस्तुओं में सम्बन्धित शब्दावली

(१) सामाजिक व्यवहार के शब्द

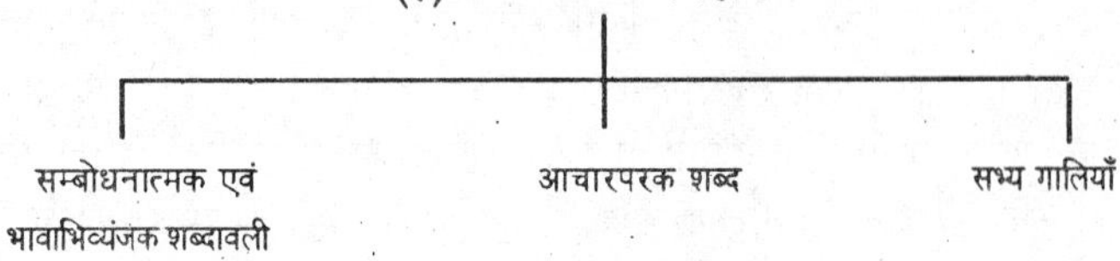

(२) व्यावसायिक शब्दावली

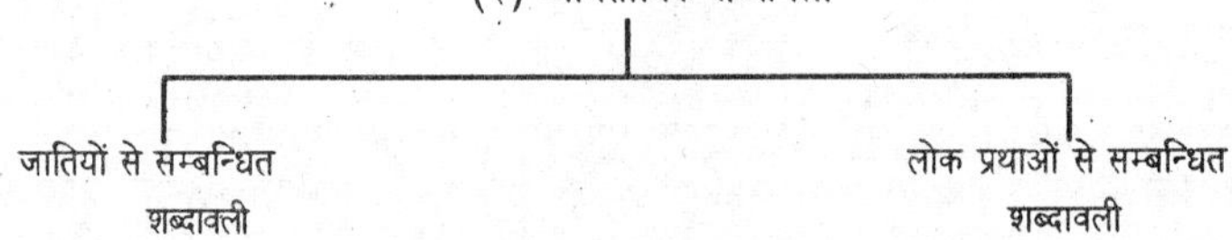

(३) वस्तुओं से सम्बन्धित शब्दावली

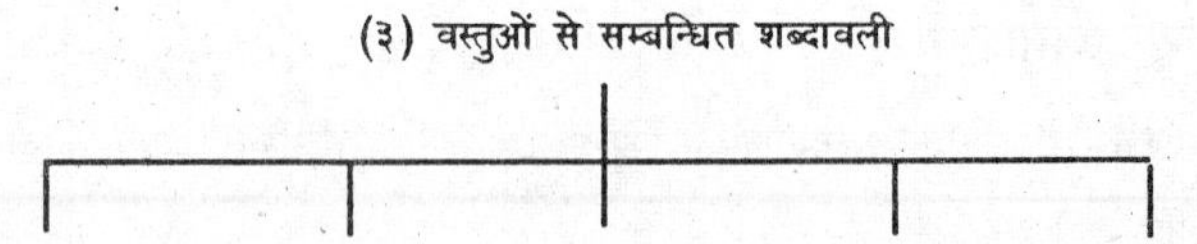

(४) धार्मिक शब्दावली
- (१) मंदिरों से संबंधित शब्द
- (२) व्रत, त्यौहार, पर्व, उत्सव
- (३) देवी-देवताओं से संबंधित शब्द

(५) आर्थिक एवं कृषक संबंधी शब्दावली
- (१) नाप तौल
- (२) कृषक जीवन की शब्दावली

(६) कला एवं शिल्प संबन्धित शब्दावली
- (१) कलाओं से संबंधित शब्द
- (२) शिल्पशास्त्र से संबंधित
- (३) वाद्य-यंत्रों से संबंधित
- (४) युद्ध विद्या से संबंधित

(७) अन्य
- (१) महीने तथा ऋतु संबंधी शब्दावली
- (२) अन्य प्रकार की शब्दावली

आगे सांस्कृतिक शब्दावली के अनुवाद की कुछ प्रमुख समस्याओं पर विचार करेंगे।

८.१.५. रिश्ते-नाते की शब्दावली के अनुवाद की समस्याएँ

नाते-रिश्ते की शब्दावली के अनुवाद में कठिनाई इसलिए होती है कि उसमें एक पूरी सामाजिक व्यवस्था होती है, सम्बोधन के शब्द, सम्पत्ति का अधिकार, विवाह के रिश्ते आदि में अन्तर होता है। उदाहरण के लिए केरल में मातृ-सत्तात्मक ढाँचे के कारण पहले सम्पत्ति का अधिकारी भानजा या भानजी होती थी। वे अपने मामा के साथ ही रहते थे। परन्तु अब यह प्रथा बदल रही है। परन्तु विवाह अब भी मामा, फूफी आदि के पुत्र-पुत्री से हो सकता है। इसी प्रकार हिन्दी प्रदेश में कुछ रिश्ते के व्यक्ति आपस में हँसी-मजाक कर सकते हैं जैसे देवर-भाभी, कुछ आपस में विवाह आदि के समय गाली दे सकते हैं, जैसे साली आदि और कुछ लोग आपस में होली खेल सकते हैं जैसे भाभी, देवर, साली आदि। ये प्रथाएँ केरल में नहीं होतीं। इसी प्रकार हिन्दी के 'दादा' 'दद्दा' या 'बाबा' जैसे सम्बोधन भी मलयायम में नहीं होते। हिन्दी समाज चाचा को जितना आदर और प्यार देता है उतना शायद मामा को नहीं, इसलिए नेहरू मामा नहीं कहा जाता, नेहरू चाचा ही कहा जाता है। लेकिन मलयालम में इसका अनुवाद करते समय नेहरू मामन, या नेहरू अम्मावन करना पड़ेगा क्योंकि केरलीय मामा को अधिक आदर देते हैं। इसी प्रकार ससुर-सास पुत्रवधू को बहू कहते हैं, बड़े भाई छोटे भाई की पत्नी को बहू कहते हैं। घर के बुजुर्ग लोग घर में ब्याहकर आयी कन्या को बहू कहते हैं। बहू शब्द के ये सारे प्रयोग मलयालम अनुवाद में लाना मुश्किल है। यथा-

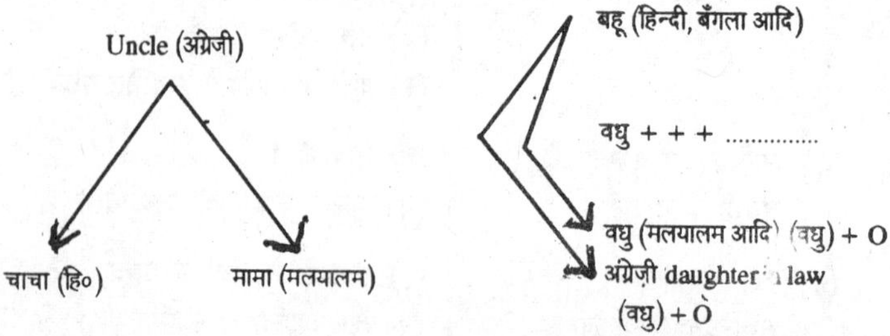

इसी तरह मलयालम के 'अळियन' शब्द का अनुवाद हिन्दी में तो संदर्भानुसार बदलेगा जिसके कारण अनुवाद में कठिनाइयाँ उपस्थित होती हैं-

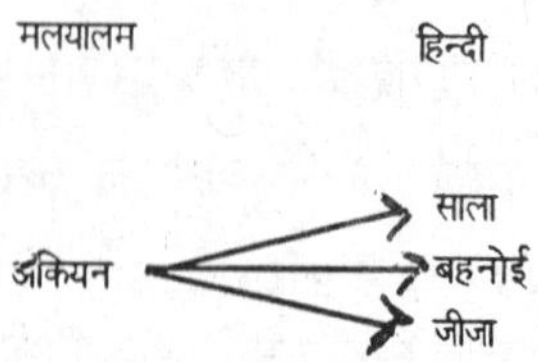

८.१.६. लोकबिंब, आलंकारिक प्रयोग तथा मिथक

लोकबिंब तथा आलंकारिक प्रयोग-आंचलिक कथा साहित्य, आंचलिक जीवन की झाँकी उपस्थित करने वाली कविताओं आदि के अनुवाद में इस समस्या का साक्षात्कार होता है। कुछों का तो शब्दानुवाद संभव है, परन्तु कुछ विशिष्ट लोक प्रचलित बिंबों, आलंकारिक प्रयोगों आदि के लिए शब्दानुवाद काफी नहीं होगा। उदाहरण के लिए नागार्जुन और रेणु द्वारा प्रयुक्त कुछ लोक जीवन से लिये गये बिंबात्मक प्रयोग हैं-

'राय **चिरैता** सी कड़वी लगी' (**बलचनमा**), चेहरा एकाएक **झेंपता मालदह** सा हो गया' (बलचनमा), 'दाँत **दनुफ के फूल** जैसे झक झक कर रहे थे' (बलचनमा), 'उसकी सूरत दियासलाई की डिबिया जैसे **हलवाहे की छापी** रहती है, (मैला आँचल), '**झमाई** हुई ईंट जैसे चेहरे' (मैला आँचल),'लक्ष्मी का मुँह **हाँड़ी की तरह** लटका रहता है, (मैला आँचल), 'मोछमदरा कटाकर बालदेवजी का मुँह ठीक सोलह **पटकियाँ** आलू की तरह हो गया'(मैला आँचल)।

उपर्युक्त उदाहरणों में रेखांकित अंशों की खास आंचलिकता के कारण अनुवाद में इन्हें ठीक तरह से उतारना कठिन हो जाता है। यथासंभव सूचनाएँ देकर मूल के स्थानीय रंग को अनुवाद में उतारना ही व्यावहारिक दृष्टि से समीचीन लगता है। इस कारण से ऐसे

अधिकांश स्थलों पर मूल शब्द ही देकर उसकी विशेषता की सूचना दे देना भी अधिक उपयुक्त लगता है। मुहावरों और लोकोक्तियों में पाये जाने वाले आलंकारिक प्रयोगों के अनुवाद में भी यही तरीका अपनाना पड़ता है।

हिन्दी के अनेक विशिष्ट प्रयोग मिलते हैं जो लोक जीवन की आलंकारिक प्रवृत्ति के परिचायक हैं। जैसे-

मीठी नींद, झूठा सच, मुर्दा दिल, जिन्दा दिल, सरसई, (सरसों के फूल की तरह), कनेंरी (कनेर के फूल की तरह), गेहुँआ (गेहूँ की तरह), मूसलाधार (मूसल की तरह की पानी की झड़ी), सूखा जवाब, सिंदूरी संध्या, गहरी साँस, लंबी साँस, ऊँचा सुनना (बहरे के अर्थ में) आदि।

इन प्रयोगों के अनुवाद में इनमें निहित अर्थ ध्वनि को भी ध्यान में रखा जाना चाहिए इनका शब्दानुवाद प्राय: असंभव है।

लोक प्रचलित मिथक

अनुवाद में स्रोतभाषा भाषी प्रदेश में प्रचलित अनेक मिथकीय कथाओं, मिथकीय पात्रों की विशेषताएँ, प्रतिकार्थ आदि की सूचना अनिवार्य होगी। उदाहरण के लिए होली के पीछे प्रचलित कथाएँ- प्रह्लाद को लेकर होलिका का आग में बैठना अथवा कृष्ण की होली और बसन्तरास, दीवाली में लक्ष्मी पूजन की कथा, 'राम की शक्ति पूजा' में राम द्वारा देवी की आराधना का 'मिथक, राखी का पौराणिक आधार, यमुना और काल के भाई बहन होने की कथा आदि अनेक मिथकीय तत्त्वों की विशेषताएँ भी अनुवादक को स्पष्ट बताना होगा क्योंकि ये लक्ष्य भाषा भाषियों के लिये परिचित नहीं होते।

८.१.७ मुहावरों और लोकोक्तियों के अनुवाद की समस्याएँ

मुहावरे और लोकोक्तियाँ समाज के सम्मिलित अनुभव की लोक-कल्पना में रंगी अभिव्यक्तियाँ होती हैं। मनुष्य की प्रकृति में जो मूलभूत एकता विद्यमान रहती है उसके कारण विश्व की अनेक भाषाओं में परस्पर मिलते-जुलते मुहावरे और लोकोक्तियाँ मिलती हैं। परन्तु साथ ही प्रत्येक भाषा में अपने विशिष्ट मुहावरे और लोकोक्तियाँ भी मिलती हैं, जिनके पीछे उस भाषा के बोलने वालों की सांस्कृतिक परम्पराएँ तथा विशिष्ट अनुभवों की अभिव्यक्ति निहित रहती है। हिन्दी और अन्य भारतीय भाषाओं के समान सांस्कृतिक स्रोतों के कारण अनेक समान मुहावरे और लोकोक्तियाँ भी मिलती हैं, परन्तु इनसे भी अधिक मात्रा में विशिष्ट मुहावरे और लोकोक्तियाँ पायी जाती हैं जिनके सांस्कृतिक, सामाजिक संदर्भ अलग-अलग हैं। ऐसे भिन्न सामाजिक-सांस्कृतिक संदर्भ के अंतरण में अनुवादक को प्राय: कठिनाई होती है। मुहावरों और लोकोन्क्तियों के अनुवाद की समस्याएँ यद्यपि बहुत कुछ समान हैं तो भी उनको अलग-अलग इकाइयों के रूप में लेना ही अधिक समीचीन

लगता है।

(क) मुहावरों के अनुवाद की समस्याएँ-मुहावरों के अनुवाद की समस्याओं को दृष्टि में रखकर उनके अनुवाद में निम्नलिखित सैद्धान्तिक आधार अपना सकते हैं।

(१) जहाँ लक्ष्य भाषा में स्रोत भाषा के मुहावरे के लिए समान मुहावरा मिलता हो, वहाँ पर अनुवादक उसे अपना सकता है।

(२) जहाँ पूर्ण रूप से समान मुहावरा न मिले, वहाँ पर अर्थ की दृष्टि से लगभग समान मुहावरे से प्रतिस्थापन किया जा सकता है।

(३) कुछ मुहावरों का शब्दानुवाद भी करना होता है। इससे अनुवाद में सांस्कृतिक वैशिष्ट्य तथा स्थानीयता का रंग लाया जा सकता है। ऐसा करते समय भी यह ध्यान रखना चाहिए कि मूल अर्थ का सम्यक् अन्तरण हो जावे।

(४) जहाँ पर शब्दानुवाद से अर्थ-संप्रेषण में कठिनाई हो, वहाँ पर भावानुवाद की प्रणाली अपना सकते हैं। ऐसे मुहावरे अक्सर अन्तः केन्द्रित होते हैं, उन्हें बहिर केन्द्रित बनाना चाहिए। अर्थात् उन्हें सरल ढंग से समझाना होता है। जहाँ पर मुहावरों में भ्रामक अनुरूपता हो, वहाँ भी भावानुवाद करना चाहिए।

(५) स्रोत भाषा में यदि किसी तीसरी भाषा (अंग्रेजी आदि) से आगत अनूदित मुहावरा आता हो और उनके लिए लक्ष्य भाषा में पहले से प्रचलित कोई आगत अनुवाद मिलता हो तो उसे अनुवादक अपना सकते हैं, यदि कोई आगत अनुवाद पहले से प्रचलित नहीं हो तो लक्ष्य भाषा में स्रोत भाषा के समान आगत अनुवाद 'चला' सकते हैं। जैसे-

अंग्रजी में अनुवाद	मलयालम में अनुवाद	हिन्दी में अनुवाद
Between the devil and deep see	चेकुत्तानुम् कटलिनुमिटक्कु	शैतान और समुन्दर के बीच
A wolf in the garb of a lamb	आट्टिन् तोलुटुत्त चेन्नाय	बकरी का खाल ओढ़ा भेड़िया
Sour grapes	मुंतिरिंगा पुळिक्कुम्	अंगूर खट्टे होना
To pay back in his own coin	अते नाणयत्तिल् तन्ने मटक्कि कोटुक्कुक	जैसे को तैसा देना
To lick one's shoes	पादम् नक्कुक, चेरिप्पु नक्कुक	जूते चाटना, तलवे चाटना

(ख) लोकोक्तियों के अनुवाद की समस्याएँ

लोकोक्तियों के अनुवाद में समस्याएँ होने के प्रमुख कारण हैं-उनमें निहित सांस्कृतिक

परम्परा, सामाजिक रीति-रिवाज, लोक-कल्पना, समान अनुभव के लिए अपने परिचित भिन्न प्रतीकों का प्रयोग, व्यंग्य और ध्वनि, आलंकारिक प्रयोग तथा कथन की संक्षिप्तता एवं ध्वनि और अर्थ की एकात्मकता। लोकोक्तियों के अनुवाद में प्रमुख रूप से निम्नलिखित व्यावहारिक सिद्धान्त अपना सकते हैं-

(१) जहाँ लक्ष्य-भाषा में हू-ब-हू समान लोकोक्ति मिले, वहाँ अनुवादक उसे अपना सकता है।

(२) कुछ लोकोक्तियाँ ऐसी हैं जिनमें थोड़े से अन्तर से शब्द वही हैं, उन्हें भी अनुवादक को अपनाना चाहिए।

(३) कुछ लोकोक्तियाँ ऐसी हैं जिनमें शब्दों का अन्तर होता है, लेकिन अर्थ लगभग समान होता है। ऐसी लोकोक्तियों से प्रतिस्थापन किया जा सकता है।

(४) कुछ लोकोक्तियों के लिए समान लोकोक्तियाँ लक्ष्य भाषा में नहीं मिलेंगी, लेकिन शब्दानुवाद करके अनुवादक उन्हें 'चला' सकेंगे। जहाँ स्रोत भाषा की संस्कृति की विशिष्टताओं को भी लक्ष्य भाषा में उतारना होता है तो ये शब्दानुवाद उपयोगी होंगे। शब्दानुवाद में कछ स्थलों पर अतिरिक्त सूचनाएँ भी देनी होंगी।

(५) कुछ ऐसी लोकोक्तियाँ भी होती हैं, जिनका शब्दानुवाद करने पर कुछ भी अर्थ ध्वनित नहीं होता। ऐसी लोकोक्तियों का भावानुवाद करना ही उचित होता है।

(६) स्रोत भाषा में किसी तीसरी भाषा से आगत अनूदित लोकोक्तियाँ हों, तो उनका लक्ष्य भाषा में प्रचलित आगत अनुवाद से अथवा मूल के अनुरूप नये आगत अनुवाद से प्रतिस्थापन करना चाहिए।

आगे हिन्दी और मलयालम के परस्पर अनुवाद के संदर्भ में इसके व्यावहारिक पक्ष का दिग्दर्शन करेंगे-

समान लोकोक्तियाँ

हिन्दी	मलयालम
अधजल गगरी छलकत जाय	अरक्कुटम् तुलुंपुम् निरक्कुटम् तुलुंपुक थिल्ला।
कौआ धोने से बगुला हो जाना	काक्क कुलिच्चाल् कोक्काका
जैसा बोएगा वैसा काटेगा	वितच्चते कोथ्यू
हर चमकती चीज सोना नहीं होती	भिन्नुन्नतेल्लाम् पोन्नल्ला
भैंस के आगे बीन बजाना	पोत्तिन्टे चेवियिल् किन्नरि वायिच्चिटटेन्तु कार्यम्

लगभग समान अर्थ वाले मुहावरों से प्रतिस्थापन

मलयालम	हिन्दी
कय्यालप्पुरन्तु तेङ् ङ (घिरे के ऊपर नारियल)	ऊँट किस ओर करवट बदले
गणपतिक्कु वच्चतु काक्क कोण्टुपोवुक (गणपति को रखा गया, कौआ खा जाना)	हंस का भाग कौआ खा जाना
आनवायिल् अंपषङ् ङ (हाथी के मुँह में अंपष् का फल)	ऊँट के मुँह में जीरा।

मुहावरों का शब्दानुवाद द्वारा प्रतिस्थापन

अक्सर विशिष्ट अभिव्यक्तियों, स्थानीय रंग, स्थानीय संस्कृति आदि से युक्त मुहावरों का शब्दानुवाद किया जा सकता है। परन्तु यह शब्दानुवाद अर्थसंप्रेषण करे और भाषा में चल सके, इस बात का भी ध्यान रखना चाहिए।

मुहावरों का भावानुवाद-जैसे

मलयालम	हिन्दी में भावानुवाद
अंगाटिप्पाट्टु (बाजार का गीत)	खुला हुआ रहस्य
अलकुम पिटियुम माट्टुक (मूल लकड़ी, ढाँचा बदलना)	समूल परिवर्तन करना
अष्किय रावणन् (सुन्दर रावण)	हास्यास्पद वेष धारण करना
आळावुक (आदमी बनना)	अपने को बड़ा समझना।

जहाँ भ्रामक मुहावरे आएं वहाँ भी भावानुवाद करना चाहिए। जैसे-

मलयालम	हिन्दी
लात्तियटिक्कुक (लाठी मारना)	इधर-उधर की बातें करना, फिजूल की बातें करके समय गँवाना।
वेल्लं कुटिप्पिक्कुक (पानी पिलाना)	तकलीफ में डालना, बहुत अधिक कष्ट देना, फँसाना।
दीवाळि कुलिक्कुक (दीवाली नहाना)	फिजूल खर्च करके सब कुछ नष्ट करना (जैसे केरलीयों के प्रसिद्ध दीवाली स्नान में तेल और पानी का इस्तेमाल होता है)

अंग्रेजी से आगत समान मुहावरों का अनुवाद

अंग्रेजी में	मलयालम में अनुवाद	हन्दी में अनुवाद
Castle in the air	आकाशसौधम् (आकाश कोट्ट)	हवाई किला
Golden age	सुवर्णकालम्	स्वर्ण युग
Golden opportunity	सुवर्णावसरम्	स्वर्ण अवसर

or chance		
A Bird's eye view	विहगवीक्षणम्	विहंगम दृष्टि
mile stone	नाषिकक्कल्लु	मील का पत्थर
Tarming point	वषित्तिरिवु	नया मोड़
Doubledealing	इरट्टत्ताप्पुनयम्	दुरंगी नीति

समान लाकोक्तियाँ, किन्तु शब्द में भिन्नता

हिन्दी	मलयालम
बन्दर के हाथ में नारियल	बन्दर के हाथ में फूल की माला (कुरङ् ङ्न कयि्यल् पूमाल)
न उगलते बनता है न निगलते	कड़ुआ होने से निगलते नहीं बनता और मीठा होने से उगलते नहीं बनता (कैच्चिटटु इरक्कानुं वय्या, मधुरिच्चिट्टु तुप्पानुम् वय्या)

लगभग समान अर्थवाली लोकोक्तियों से प्रतिस्थापन

हिन्दी	मलयालम
दूर के ढोल सुहावने	अक्कर निल्क्कुम्पोल् इक्कर पच्च (उस पार रहने पर इस पार हरापन)
मुल्ला की दौड़ मस्जिद तक	इट्टियम्मा चाटियाल् कोट्टियंपल वरे (नंबूतिरि औरत घर से फ़ाटक तक ही कूद सकती है)
अपना पूत सबको प्यारा	काक्कक्कुं तन् कुञ्ञु पोन कुञ्ञु (कौआ को भी अपना बच्चा प्यारा है)

लोकोक्तियों का शब्दानुवाद

मलयालम	हिन्दी
अटितेट्टियाल् आनयुं वीषु	पाँव गलत घड़ने पर हाथी भी गिरेगा
अंपलत्तिले पूच्च देवने पेटिक्कुमो	क्या मन्दिर की बिल्ली देव से डरेगी?
अम्मक्कु प्राणवेदन, मकल्क्कु वीणवायन	माँ को प्राणों की वेदना, बेटी वीणा बजाये ?

हिन्दी	मलयालम
धोबी का कुत्ता न घर का न घाट का	अलक्कुकारन्टे पट्टि कटिविलुमिल्ल कुटिलिलुमिल्ल
आम के आम गुठलियों के दाम	माङ्ङक्कु, माङ्ङयुं, अण्टियुटे पैसयुं

लोकोक्तियों का भावानुवाद-जैसे

मलयालम	हिन्दी में अनुवाद
आनक्कार्यत्तिल् चेनक्कायं	जहाँ हाथी की बात हो रही है, वहाँ जमीन कंद की बात करना याने बड़ी गंभीर बात के बीच में छोटी सी बात उठाना।
चुक्किल्लात्त कषायमिल्ले	सभी कषायों में पड़नेवाला सोंठ, वह व्यक्ति जो सब बातों में शरीक होता है या दखल देता है।

८.२.८. समान शब्दावली के अनुवाद में अर्थ की समस्याएँ

हिन्दी और अन्य भारतीय भाषाओं की समान शब्दावली के स्रोत लगभग एक ही हैं-संस्कृत, अरबी, फारसी और अंग्रेजी। इन भाषाओं के समान शब्दों के अतिरिक्त हिन्दी के कई शब्द भी अन्य भारतीय भाषाओं में चल रहे हैं। यहाँ पर हम अनुवाद के संदर्भ में समान शब्दावली की अर्थपरक समस्याओं पर विचार करेंगे। समान शब्दावली के अनुवाद में सबसे बड़ी कठिनाई है अर्थ की भिन्नता। अक्सर यह भिन्नता बहुत ही सूक्ष्म होती हे, इस कारण से अनुवादक खतरे में पड़ सकता है। परन्तु यदि कुछ सावधानी बरतें तो समान शब्दावली का अनुवाद प्रभावशाली बनाया जा सकता है। हिन्दी में प्रयुक्त संस्कृत शब्दावली के साथ सबसे बड़ी कठिनाई यह है कि एक ही शब्द के लिए तत्सम और तद्भव शब्द प्रयुक्त होते हैं जो अक्सर भिन्नार्थक होते हैं। इस प्रकार के शब्दों के अर्थ-भेद पर अनुवादक का ध्यान बराबर जाना चाहिए। जैसे-

तत्सम	तद्भव
गर्भिणी (गर्भवती)	गाभिन (गर्भवती गाय)
चूर्ण (कोई भी चूर्ण)	चून (आटा)
पाद	पाँव
वत्स	बछड़ा
पंजर	पिंजर, पिंजरा
कोष्ठ	कोट
जुष्ट	झूठा
पृष्ठ	पीठ
दंड	दंडा
पक्ष	पंख
सम्बन्धी	समधी

अक्सर उक्त प्रकार की शब्दावली का अर्थ-भेद बहुत सूक्ष्म होता है और अन्य भाषाओं में इस सूक्ष्म अन्तर को प्रकट करने के लिए तद्भव शब्द नहीं मिलते, केवल तत्सम शब्द ही आगत रूप में चलते हैं। इस प्रकार के अर्थ-भेद वाले शब्दों की जगह ऐसे ही अर्थ-ध्वनि वाले शब्दों से अनुवादक को काम चलाना पड़ेगा।

हिन्दी और अन्य भारतीय भाषाओं में प्रयुक्त समस्रोतीय भिन्नार्थक शब्दों को अर्थ की दृष्टि से मोटे तौर पर तीन विभागों में रख सकते हैं-

(क) अर्थ संकोच

(ख) अर्थ-विस्तार

(ग) अथदिश

(क) अर्थ-संकोच-हिन्दी और अन्य भारतीय भाषाओं में प्रयुक्त अनेक शब्द संस्कृत के अपने मूल विस्तृत अर्थ को छोड़कर किसी एक संकुचित अर्थ में रूढ़ हो गये हैं। इनके अतिरिक्त हिन्दी के कई अपने शब्द तथा हिन्दी में प्रयुक्त कई अरबी-फारसी शब्द भी अन्य भाषाओं में आकर संकुचित अर्थ में चल रहे हैं। इस प्रकार के सभी शब्दों के अर्थ-संकोच के अन्तर्गत ले सकते हैं। इसमें प्रमुख रूप से दो-तीन तरह की प्रवृत्तियाँ दृष्टिगत होती हैं-

(१) कुछ शब्द ऐसे हैं जो संस्कृत और हिन्दी में तो लगभग समान अर्थ में चलते हैं, लेकिन अन्य भारतीय भाषाओं में कोई एक विशिष्ट अर्थ रूढ़ हो गया है-

हिन्दी-पशु = जानवर

मलयालम-पशु = गाय

(२) कुछ शब्द ऐसे हैं जो संस्कृत और मलयालम में तो लगभग समान अर्थ में चलते हैं, लेकिन हिन्दी में संकुचित अर्थ में चलते हैं। जैसे-

शब्द	**संस्कृत में अर्थ**	**मलयालम अर्थ**	**हिन्दी में अर्थ**
मृग	चौपाया, जानवर हिरण	चौपाया जानवर, हिरण	हिरण

(३) तीसरी प्रवृत्ति हिन्दी से आगत शब्दों में अर्थ-संकोच है। जैसे-

शब्द	**हिन्दी में अर्थ**	**मलयालम में अर्थ**
रोटी	खाना, चपाती, सब तरह के भोजन	बिस्कुट (खास ब्रेड)

(ख) अर्थ-विस्तार-इसके अन्तर्गत भी तीन प्रकार की प्रवृत्तियाँ दिखाई पड़ती हैं-

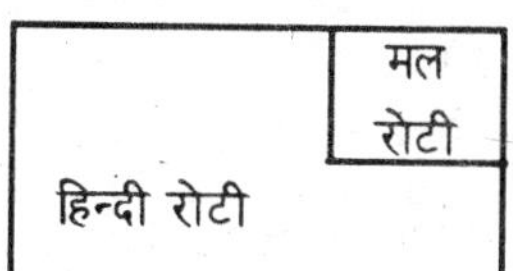

(१) संस्कृत और हिन्दी में लगभग समान अर्थ किन्तु मलयालम में इसके अलावा एक अतिरिक्त अर्थ जैसे-

शब्द	**संस्कृत में अर्थ**	**हिन्दी में अर्थ**	**मलयालम में अर्थ**
कल्पना	संरचन, आविष्कार, कल्पना	संरचन, आविष्कार, कल्पना	संरचन, आविष्कार, कल्पना, आदेश, छुट्टी

उक्त प्रकार की प्रवृत्ति को चित्र द्वारा इस प्रकार सूचित किया जा सकता है-

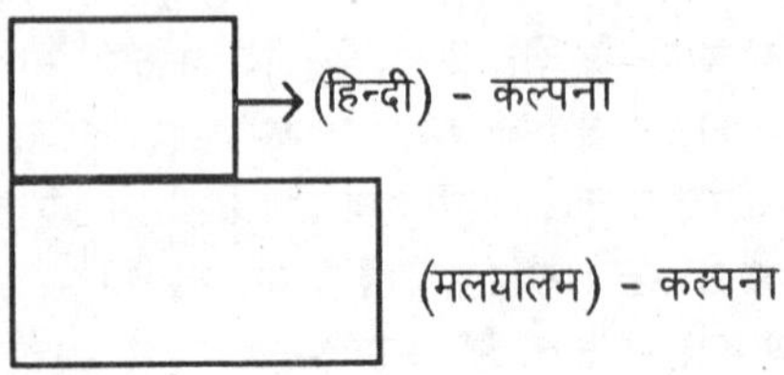

(२) कुछ शब्द संस्कृत और अन्य भाषाओं में लगभग समान अर्थों में प्रयुक्त होते हैं, परन्तु हिन्दी में कुछ विस्तृत अर्थ में चलते हैं। जैसे-

शब्द	**संस्कृत में अर्थ**	**मलयालम में अर्थ**	**हिन्दी में अर्थ**
अनुशासन	आदेश, शिक्षण नियमों की विधयाँ बनना	आदेश, शिक्षण नियमों की विधयाँ बनना,	आदेश शिक्षण नियमों की विधि बनाना, डिसिप्लिन

(३) तीसरी प्रवृत्ति हिन्दी से मलयालम में आगत शब्दों के अर्थ-विस्तार की है। जैसे-

शब्द	**हिन्दी में अर्थ**	**मलयालम में अर्थ**
तुअर	तुअर की दाल	तुअर की दाल, एक सब्जी

(ग) अर्थादेश-अर्थादेश में भी तीन स्थितियाँ दिखाई पड़ती हैं-

(१) संस्कृत और हिन्दी में समान अर्थ परन्तु अन्य भारतीय भाषाओं में अर्थादेश। जैसे-

शब्द	**संस्कृत में अर्थ**	**हिन्दी में अर्थ**	**मलयालम में अर्थ**
कल्याण	आनन्ददायक, सुखकर सौभाग्य-शाली, मंगल, शुभ, समृद्धि	आनन्ददायक, सौभाग्य, मंगल शुभ, समृद्धि	विवाह

इसको चित्र में इस प्रकार दिखा सकते हैं-

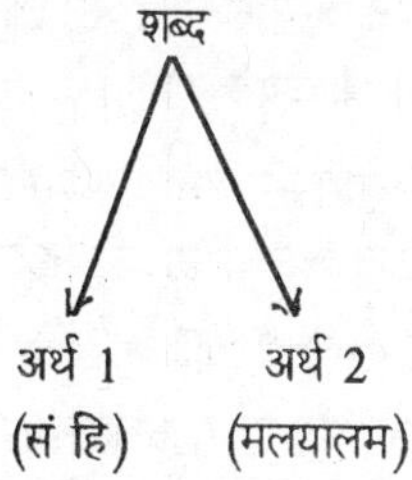

(२) संस्कृत और अन्य भाषाओं में समान अर्थ, लेकिन हिन्दी में अर्थादेश जैसे-

शब्द	**संस्कृत में अर्थ**	**मलयालम में अर्थ**	**हिन्दी में अर्थ**
इतिहास	परम्परा से प्राप्त आख्यान समूह	परम्परा से प्राप्त आख्यान समूह	हिस्टरी

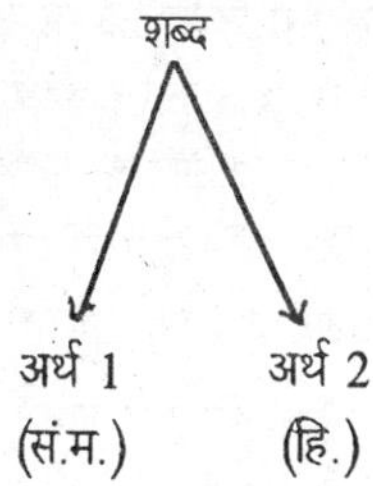

(३) अन्य भारतीय भाषाओं में आगत हिन्दी शब्दों में अर्थादेश। जैसे-चिट्‌ठी-हि० पत्र, म० लाटरी

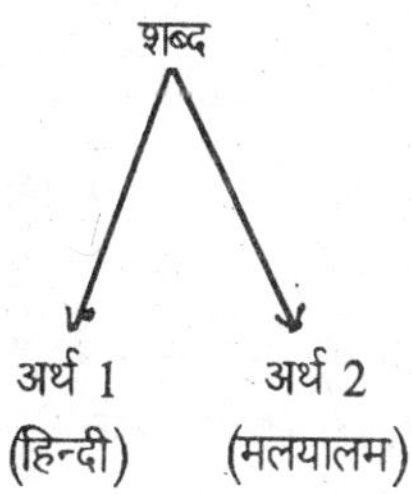

अर्थादेश की प्रमुख प्रवृत्तियाँ दो प्रकार की हैं-पूर्ण अर्थादेश और अपूर्ण अर्थादेश जिसमें मूल का अर्थ भी बहुत कुछ वर्तमान रहता है।

अनुवाद की इस पेचीदा समस्या के समाधान के लिए निम्नलिखित काम चालऊ सिद्धान्त अपना सकते हैं-

(१) जहाँ पर समान शब्दावली में सूक्ष्म अर्थ भेद हो, वहाँ पर समान शब्दों को भी चुनें जब उनका प्रतिस्थापन अन्य शब्द से असंभव हो। ऐसे स्थलों पर अतिरिक्त सूक्ष्म अर्थ की सूचना भी आवश्यक होगी।

(२) जहाँ पर स्पष्ट रूप से भिन्नार्थ हो, समान शब्दावली को छोड़कर उसके भावार्थ को अन्य शब्द द्वारा सूचित करना ही उचित होगा।

(३) जो नये पारिभाषिक शब्द आदि हैं यदि वे अपने स्रोत भाषा के अर्थ-को लक्ष्य भाषा में भी व्यक्त करें तो अनुवादक उन्हें चलाने का साहस कर सकता है। उदाहरण के लिए समालोचना, अस्तित्ववाद, परिप्रेक्ष्य, रहस्यवाद, आदि शब्द पहले हिन्दी में ही चले थे, परन्तु अब मलयालम में भी चल रहे हैं। इसी प्रकार राजनीतिक क्षेत्र से आये सत्याग्रह, घेराव, हड़ताल आदि शब्द भी अपने हिन्दी-अर्थ में ही चल रहे हैं। यदि हिन्दी और अन्य भारतीय भाषाओं में सीधे समाचार का अनुवाद शुरू हो तो इस प्रकार के शब्द शीघ्र ही अन्य भाषा में चल सकेंगे।

(४) कविता, आलोचना, तथा अन्य उच्च विषयों से संबंधित अनुवादों में यथासंभव समान संस्कृत शब्दों को सुरक्षित रखने का प्रयास किया जा सकता है। परन्तु जहाँ लक्ष्य भाषा के शब्दों में अतिरिक्त अर्थभार आ जाता है, वहाँ अनुवादक को सावधान होने की जरूरत है। उसे देखना चाहिए कि वे समान शब्द कहीं गलत संकल्पना और बदलती हुई धारणा तो पाठक में पैदा नहीं कर रहे हैं।

(५) कुछ शब्द बाहर से देखने से तो ऐसे लगेंगे जैसे उन्हें लक्ष्य भाषा में प्रयोग करने में कोई हानि नहीं है जैसे हिन्दी के 'जलवायु' 'वातावरण' और मलयालम का 'जलदोष' (जुकाम) आदि। परन्तु अनुवाद में ये शब्द कुछ भी अर्थ देने में समर्थ नहीं होते। ऐसे शब्दों के लिए भावार्थ या अन्य पर्याय ढूँढ़ना ही ठीक रहेगा।

८.२. अनुवाद की शैली परक समस्याएँ

अनुवाद में शैलीपरक समस्याओं का अध्ययन, स्वनिमस्तरीय, शब्दस्तरीय वाक्यस्तरीय एवं रूपस्तरीय समस्याओं के चार शीर्षकों में कर सकते हैं, यह सैद्धान्तिक भूमिका में सूचित किया जा चुका है। यहाँ पर हिन्दी और अन्य भाषाओं के परस्पर अनुवाद में दिखाई पड़ने वाली प्रमुख शैलीपरक समस्याओं का दिग्दर्शन प्रत्येक शीर्षक के अन्तर्गत करेंगे।

८.२.१. **स्वनिमस्तरीय समस्याएँ**-भाषा में ध्वनिपरक सौंदर्य (सौण्ड एफक्ट) लाने के लिए ध्वन्यार्थ व्यंजक शब्द, ध्वनि पर आधारित अलंकार, विभिन्न शैलियों के लिए उपयुक्त ध्वनियाँ आदि का प्रयोग लेखकगण सोद्देश्यक रूप में करते हैं जिनके लिए लक्ष्य भाषा में समान प्रयोग ढूँढ़ना अक्सर अनुवादक के लिए सुगम कार्य नहीं होता। साहित्यिक अनुवाद

और विशेष कर कविता के अनुवाद में ध्वनि-प्रभाव पैदा करना होता है। लेकिन अक्सर यह कठिन कार्य होता है क्योंकि प्रत्येक भाषा की ऐसी ध्वनियाँ भिन्न होती हैं। हेरबर्ट रीड ने अपनी 'अंग्रेजी गद्य शैली' नामक किताब में यह स्पष्ट किया है कि गद्य के प्रयोग में भी ध्वनि प्रभाव का स्थान कितना महत्त्वपूर्ण है। कभी-कभी रचना का सौंदर्य उसके ध्वनि प्रभाव तथा ध्वनि-सामंजस्य पर बहुत कुछ निर्भर होता है और अनुवादक अपने अनुवाद में भी ऐसी ध्वनि प्रभाव और ध्वनि सामंजस्य लाने के लिए मजबूर हो जाता है। इसके अतिरिक्त अनुवादक को ध्वनि की दो विशिष्ट समस्याओं का सामना करना पड़ता है। वे हैं-

(१) लिप्यंतरण की समस्याएँ और (२) विदेशी आगत शब्दों के ध्वन्यनुकूलन की समस्याएँ। चूँकि लिप्यंतरण और ध्वन्यनुकूलन की प्रक्रिया अनुवाद में अनिवार्य ढंग से होती है, इसलिए अनुवादक के सामने इस प्रकार की अनेक समस्याएँ आती हैं। इन सबके आधार पर हिन्दी और अन्य भाषाओं के परस्पर अनुवाद में शैली की ध्वनि स्तरीय समस्याओं को निम्नलिखित शीर्षकों में विभाजित कर सकते हैं-

(१) ध्वनिमूलक शब्दों के अनुवाद की समस्याएँ
(२) ध्वनिमूलक अलंकार,
(३) लिप्यंतरण की समस्याएँ,
(४) ध्वन्यनुकूलन की समस्याएँ।

८.२.१.१. ध्वनिमूलक शब्दों के अनुवाद की समस्याएँ-हिन्दी और अन्य भारतीय भाषाओं में अनेक ध्वनिमूलक शब्द हैं जिनके लिए समान शब्द लक्ष्य भाषा में मिलना मुश्किल है। ऐसा लगता है कि संस्कृत, प्राकृत, और अपभ्रंश की परम्पराओं से होकर गुजरने के कारण हिन्दी में इस प्रकार के ध्वनिमूलक शब्द अधिक हैं। हिन्दी के शब्द क्रिया या संज्ञा के रूप में आते हैं। ये प्रमुख रूप से तीन प्रकार के हैं-

(१) ऐसे शब्द जिनके अनुवाद में उस ध्वनि को लेकर 'शब्द' यह जोड़ देने से लगभग समान अनुवाद हो सकता है। जैसे-

हिन्दी	**मलयालम अनुवाद**
झनझनाना	'झन' 'झन' शब्दं
किलकिलाना	'किलु' 'किलु' शब्दं (अतिरिक्त अर्थ-प्रसन्नता आदि)
खटखटाना	'खट' 'खट' शब्दं अथवा 'कट' 'कट' शब्दं

इस प्रकार के शब्दों के साथ कठिनाई यह है कि यद्यपि ध्वनि की दृष्टि से लगभग समान ध्वनि लक्ष्य भाषा में लायी जा सकती है, परन्तु कहीं-कहीं मूल का अर्थ और बिम्ब नष्ट हो जाएगा।

(२) दूसरे ऐसे ध्वनि मूलक शब्द हैं जिनके लिए लक्ष्य भाषा में समान ध्वनि मिलेगी

नहीं। यदि समान ध्वनि से प्रतिस्थापन किया जाय तो अनुवाद में मूल का अर्थ भी उतर नहीं पाने के कारण अनुवाद बेतुका लगेगा-जैसे-

कसमसाना, कुनमुनाना, कुलबुलाना, खड़बड़ाना, गिड़गिड़ाना, घरघराना, घिचपिचाना, सिटपिटाना, चिड़चिड़ाना, चुनचुनाहट, चिपचिपाना, छुनछुनाना, झमझमाहट, झलझलाना।

(३) तीसरे प्रकार के शब्द इनसे मिलते-जुलते हैं, फिर भी भिन्न हैं। इनका ध्वनिपरक सौन्दर्य अलग होता है ओर अर्थपरक सौन्दर्य अलग। जैसे-

छकाछक, चकाचक, छलछटाना, टकराहट, रुनझुन, रुनुक झुनुक, चमचमाहट, जगमगाहट, झिलमिलाहट, टलमलाना, टिमटिमाना, तुतलाहट, चटकमटक आदि।

व्यावहारिक समाधान

उपर्युक्त दूसरी और तीसरी श्रेणी की शब्दावली के अनुवाद में ध्वनि-परक सौंदर्य को अनुवाद में उतारना प्राय: असंभव है। इन शब्दों का भावानुवाद ही करना पड़ता है। अन्य भारतीय भाषाओं में भी इस श्रेणी के कई शब्द मिलते हैं जिनके लिए समान ध्वनिमूलक प्रतिष्ठापन तो मुश्किल है, या तो भावानुवाद किया जा सकता है अथवा समानार्थक-ध्वनिमूलक शब्द से प्रतिष्ठापन हो सकता है।

८.२.१.१. ध्वनिमूलक आलंकारिक प्रयोगों की समस्याएँ

'शब्द के रूप हैं-ध्वनि (साउण्ड) और अर्थ (सेन्स)। ध्वनि को लेकर शब्दालंकार की सृष्टि होती है। यह काव्य का एक संगीत धर्म है।' पद्य और गद्य दोनों में विभिन्न तरह के ध्वनिमूलक आलंकारिक प्रयोग आते हैं जिनका ध्वनि-प्रभाव अनुवाद में भी बनाये रखना प्राय: मुश्किल होता है। हिन्दी और अन्य भारतीय भाषाओं में संस्कृत की समान पृष्ठभूमि रहने से कहाँ-कहाँ यह ध्वनिमूलक प्रतिष्ठापन सम्भव हो पाता है, परन्तु तद्‌भव तथा अन्य प्रकार की शब्दावली के ध्वनिमूलक प्रयोग में कठिनाइयाँ उपस्थित होती हैं। ध्वनिमूलक आलंकारिक प्रयोग कई प्रकार के होते हैं-

८.२.१.२. **ध्वन्यार्थ व्यंजना**-जहाँ शब्द योजना ऐसी हो कि शब्दध्वनि ही प्रसंग और अर्थ का बोध कराकर एक चित्र सा प्रस्तुत कर दे उसे ध्वनिचित्र या ध्वन्यार्थ व्यंजकता कहते हैं। हिन्दी काव्य में और गद्य रचना में भी यह प्रवृत्ति विशेष रूप से दिखाई पड़ती है। उदाहरण के लिए तुलसी का यह प्रसिद्ध दोहा ही लें-

"कंकन किंकिनि नूपुर धुनि सुनि।
कहत लखन सन राम हृदय गुनि।"

इस पंक्ति को गुनगुनाने से ही कंकण किंकिणी के खनकने और नूपुरों के बजने का ध्वनि-बिंब मन में अंकित हो जाता है। लेकिन अनुवाद में भी इसे उतारना कठिन कार्य है। इसी प्रकार की कठिनाई निराला के निम्नलिखित अंश के अनुवाद में भी अनुवादक

अनुभव करेंगे-

"झूम-झूम मृदु गरज-गरज घन घोर।
राग अमर अम्बर में भर निज रोर।
झर झर झर निर्झर-गिरि-सर में
घर, मरु, तरु-मर्मर सागर में,
अरे वर्ष के हर्ष। बरस तू बरस-बरस रसधार।"

हिन्दी कविता में ही नहीं बल्कि गद्य में भी अनेक ध्वन्यार्थ व्यंजक प्रयोग हमें मिलेंगे जो अनुवादक के सामने प्रश्न-चिह्न लगा देते हैं। जैसे-

"हिलती-डुलती गाड़ी में ऐसा लग रहा था कि मालिकाइन के बाग में झूला झूल रहा हूँ। नीचे पैर के बिलकुल नीचे रेत के पहिए हड़ाक-हड़ाक कर रहे थे। जुड़े हुए डब्बे ढब्बर ढब्बर बोल रहे थे। ऐंजन झज्झखाली झज्झखाली करती चली जा रही थी (नागार्जुन)।

व्यावहारिक समाधान

ध्वन्यार्थ व्यंजकता जहाँ पर समान ध्वनियों के आधार पर अनुवाद में भी लायी जा सकती है, वहाँ पर यथासंभव समान ध्वनियों का प्रयोग कर सकते हैं-अन्य स्थलों पर समान प्रभावशाली ध्वनियों का यथासंभव प्रयोग अपेक्षित है।

८.२.१.२.३. वृत्यनुप्रास-वृत्यनुप्रास काव्य में अत्यन्त महत्त्व का है क्योंकि इसका सम्बन्ध रस से भी है। वृत्यनुप्रास का सम्बन्ध उपनागरिका, परुषा और कोमला वृत्तियों से है जिनके लिए दूसरा नाम है प्रसाद, ओज और माधुर्य। भारतीय काव्य-परम्परा में श्रृंगार, करुण और हास्य रस की कविता उपनागरिका में, रौद्र, वीर और भयानक रस की कविता परुषा में और शांत, अद्भुत और बीभत्स रस की कविता कोमलवृत्ति में अच्छी लगती है।

जहाँ तक इन वृत्तियों से युक्त अनुप्रास वाले कविता के अनुवाद की समस्या है संस्कृत शब्दावली जहाँ आ जाती है, वहाँ एक हद तक मूल का सौन्दर्य अनुवाद में भी उतर सकता है। परन्तु जहाँ तद्भव, देशी शब्दावली का प्रयोग होता है, वृत्यनुप्रास की पूरी भंगिमा अनुवाद में उतर नहीं पाती है। जैसे-

"मुंड कटत कहू रुंड नटत कहुँ सुंड पटत घन।
गिद्ध लसत कहुँ सिद्ध हँसत सुख-वृद्धि रसतमन"

इन पंक्तियों की ध्वनि-भंगिमा मलयालम अनुवाद में लाना तो अति कठिन है। अथवा 'झाँक न झंझा के झोंके में झुक कर खुले झरोखे से'-का भी ध्वनि पूर्ण अनुवाद असंभव है। इस तरह की कठिनाई मलयालम कविता के हिन्दी अनुवाद में भी उपस्थित हो सकती

है। उदाहरण के लिए वल्लत्तोल की कविता 'कर्मभूमि का नन्हा सा चरण' इस कविता की पंक्तियाँ हैं-

"कालकूटोत्कट काकोल माकिन
काळियन पार्प्पुण्टिक्कालिन्दियिल्।
आरितेरिञ्ञु कोट्टुत्तु यशोद तन्
मारिले तूमणि माल्यमता
कालिन्दि तन्नुटे कालिमावेन्तिय
चेलयिल् चीलेन्नु चेन्नु वीणु।
पल्लवं पोलुल्ले रण्टिलं कँकल्व-
न्नुसल्लीलमाय तल्लुकयाल्......."

इन पंक्तियों का अनुवाद इस तरह किया गया है-(वल्लत्तोल)

"कालकूट जैसे भयानक विष से भरा हुआ
कालियनाग इस कालिन्दी में वास करता है।
हाय। यह किसने फेंक दिया ! यशोदा के
वक्षस्थल का सुन्दर मणि-माल्य यह देखो,
कालिन्दी की कालिमा भरी साड़ी में जा गिरा
जब उनके पल्लव-जैसे कोमल दो नन्हे हाथ,
उस नदी माता के आर्द्र वक्षस्थल पर
लीलोल्लास में पानी को पीटने लगे तो....

(वल्लत्तोल की कविताएँ-अनु० रत्नमयी, पृ० ९०)

मूल कविता में क, ल, ल आदि ध्वनियों की अनुप्रास भंगिमा के कारण जो लय और तल्लीनता मौजूद रहती है, अनुवाद में उसका भंग होता है।

८.२.१.२.४. अंत्यानुप्रास या तुक

हिन्दी कविता में तुक या अंत्यानुप्रास का कहीं-कहीं सार्थक प्रयोग होता है। दक्षिणात्य भाषाओं में अंत्यानुप्रास का प्रयोग बहुधा नहीं होता, इस कारण से वह सारा ध्वनि सौन्दर्य नष्ट हो जाता है। जैसे-

"शक्ति के विद्युत्कण, जो व्यस्त
विकल बिखरे हैं, हो निरुपाय,
समन्वय उनका करे समस्त
विजयिनी मानवता हो जाय।" (कामायनी, श्रद्धा)

"एत्रयुं निरुपायमायेट्टं विकलमाय्
व्यस्तमायङ्ङिङ्ङाायि चितरिक्किटक्कुन्न

शक्तितन् विद्युत्कणमोक्केयु मोन्नि प्पिच्चु
नित्यवुं विजयते वरिच्चीटावू मर्त्यन्" (कामायनी-अनु० श्रीधर मेमोन, पृ० ६१)

– आधुनिक काव्यों से बढ़कर प्राचीन काव्यों के अनुवाद में तुक की अधिक समस्याएँ आती हैं।

व्यावहारिक समाधान

(१) अनुप्रास के सम्बन्ध में व्यावहारिक समाधान यही हो सकता है कि जहाँ मूल के ही शब्दों का उसी प्रकार प्रयोग असंभव हो जाता है, वहाँ लक्ष्य भाषा के कुछ ऐसे ध्वनिपूर्ण शब्द ढूँढें, जो लगभग समान ध्वनि प्रभाव उत्पन्न कर सकें। माधुर्य, ओज आदि गुणों से संबंधित शब्दावली में यह ध्वनि प्रभाव अनुवाद में भी लाना आवश्यक हो जाता है।

(२) जहाँ तक द्वितीयाक्षर प्रास और तुक की समस्या है, इनका तो केवल कामचलाऊ अनुवाद किया जा सकता है।

(३) कभी-कभी ऐसा भी देखा गया है कि हिन्दी की तुकांत कविताओं के मलयालम अनुवाद में द्वितीयाक्षर प्रास द्वारा क्षतिपूर्ति की गयी है। इसके लिए रामचरितमानस का वैण्णिक्कुलम द्वारा किया गया मलयालम अनुवाद अच्छा नमूना है। इसी प्रकार मलयालम के द्वितीयाक्षर प्रास का प्रवाह और प्रभाव तुक के द्वारा हिन्दी अनुवाद में एक हद तक लाया जा सकता है।

८.२.१.३. लिप्यंतरण की समस्याएँ

लिप्यंतरण करते समय मूल भाषा के ध्वनि-नियमों का कहाँ तक अनुसरण किया जाय, यह एक विवादास्पद विषय है। इस संदर्भ में व्यावहारिक सिद्धांत यही लगता है कि लिप्यंतरण में उच्चारण से भी बढ़कर वर्तनी पर अधिक ध्यान दिया जाय। उच्चारण की विशेषताओं के लिए सूचनाएँ चाहें तो दे सकते हैं। उदाहरण के लिए मलयालम में ट का उच्चारण हिन्दी ड जैसा होता है- परन्तु लिप्यंतरण में 'बटा' को 'वटा' ही लिखा जाएगा, वड़ा' नहीं। उच्चारण के अनुसार लिप्यंतरण करने में कुछ गड़बड़ियाँ भी हो सकती हैं। लिप्यंतरण को मूल कविता के साथ देना प्रामाणिकता के लिए अनिवार्य सा माना गया है। परन्तु लिप्यंतरण में मूल को ठीक तरह से पढ़ा जाना है तो लिप्यंतरण के कुछ निश्चित नियमों का पालन अनुवादकों को करना ही पड़ेगा। अभी तो इस दिशा में एकरूपता का अभाव है।

८.२.९.४. ध्वन्यनुकूलन की समस्याएँ

ध्वन्यनुकूलन की समस्या प्रमुख रूप से आगत शब्दावली के संदर्भ में ही उठती है। अनुवाद करते हुए प्राय: विदेशी लेखकों, साहित्यकारों, वैज्ञानिकों और भाषाविदों के नामों,

उनकी कृतियों के शीर्षकों तथा अनेक विशेष शब्दों को लक्ष्य भाषा की ध्वनिप्रक्रिया के अनुरूप लिखना पड़ता है। इसमें समस्या इसलिए आती है कि एक ही शब्द को हिन्दी और अन्य भारतीय भाषाओं में भिन्न-भिन्न रूपों में लिखा जाता है। कुछ उदाहरण-

हिन्दी	मलयालम
थामस	तोमस
जान	जीण्
ख्रुश्चोक	क्रूश्चेवुँ
येस्पर्सन	जेस्पेष् सन
वाल्जाक	बाल्साक्
अरस्तू	अरिस्ट्टोट्टिल
सुकरात	सोक्रट्टीस्
डस कैपिटल	दास क्याप्पिट्टल
नैस काफे	नेस कफे
इटैलियन	इट्टालियन
रूसी	रष्यन्
बंगला	बंगालि
यूरप	यूरोप्पॅ
बरमा	बर्म्मा
कनाडा	क्यानडा
लंदन	लण्डन्
विटामिन	विट्टामिनं
रेस्तरां	रस्ट्टारन्टुँ

व्यावहारिक समाधान

ध्वन्यनुकूलन की समस्या के समाधान के लिए दो तीन व्यावहारिक सिद्धांत अपना सकते हैं-

(१) अनुवादक को आगत शब्दों का अन्तरण करते समय लक्ष्य भाषा में उस शब्द का जो स्वाभाविक उच्चारण हो सकता है, उसे अपनाना चाहिए। उदाहरण के लिए High school शब्द को हिन्दी में 'हाईस्कूल' और मलयामल में 'हैस्कूल' ही लिखना चाहिए अथवा Machine शब्द को हिन्दी में 'मशीन' और मलयालम में 'मिष्यन्' लिखना चाहिए, स्रोत भाषा के उच्चारण को दृष्टि में रखकर मलयालम में 'मशीन' अथवा हिन्दी में 'मिष्यन्' लिखना उचित नहीं होगा।

(२) यदि मूल शब्द के वास्तविक उच्चारण से भिन्न उच्चारण लक्ष्य भाषा में पहले से प्रचलित हो तो उसे उसी रूप में अपना सकते हैं।

(३) लक्ष्य भाषा में एक से अधिक उच्चारण प्रचलित हों तो उनमें से अधिक प्रचलित उच्चारण को अनुवादक अपना सकता है। उदाहरण के लिए हिन्दी में रेस्टोरेंट; रेस्तोरां, रेस्त्रां आदि प्रचलित है, उनमें से अनुवादक रेस्त्रां को अपना सकता है। मलयालम में रस्ट्टारन्टुं' शब्द ही अधिक चलता है। इसी प्रकार हिन्दी में आफ, ऑफ और 'आव' ये तीन रूप चलते हैं, मलयालम में 'ओफ' आफ ये दो रूप चलते हैं। इनमें से आफ दोनों भाषाओं में अधिक प्रचलित लगता है। कुछ विद्वान 'आव' को अधिक उचित मानते हैं, हमारे विचार में आफ ही ठीक रहेगा।

८.२.२. शब्दस्तरीय समस्याएँ

अनुवाद का मूल तत्त्व यदि समान प्रभाव उत्पन्न करने वाले शब्द की तलाश है, तो अनुवाद में शैली का बुनियादी तत्त्व है शब्दों का चुनाव। इसका कारण यह है कि प्रत्येक लेखक की शैली प्रमुख रूप से शब्दों के चुनाव पर निर्भर है। जैसा कि थियोडर सेवरी ने सूचित किया है, विभिन्न पर्यायवाची और संभावित शब्दों के बीच उचित चुनाव करने में ही अनुवादक की कला का मर्म निहित रहता है। वैयक्तिक शैलीभेद का प्रमुख कारण ही शब्दों का चुनाव क्रम है। अक्सर यह देखा गया है कि भिन्न-भिन्न व्यक्ति एक ही वस्तु के लिए भिन्न-भिन्न प्रतीक और शब्द-क्रम का प्रयोग करते हैं। जब दो भाषाओं में शब्दावली के स्तर पर समतुल्यता की बात आती है, तो कई तरह की समस्याएँ पैदा होती हैं। हिन्दी और अन्य भाषाओं के परस्पर अनुवाद में शब्दावली के चुनाव पर जब विचार करते हैं तो निम्नलिखित समस्याओं की ओर हमारा ध्यान जाता है-

१. शब्दावली की दृष्टि से विभिन्न प्रकार की शैलियाँ

(क) इस दृष्टि से विचार करने पर हिन्दी की प्रमुख रूप से तीन शैलियाँ होती हैं-

(१) संस्कृतनिष्ठ शैली,

(२) अरबी-फारसी शब्दावली से युक्त शैली,

(३) बीच की शैली जिसे हिन्दुस्तानी भी कह सकते हैं।

(ख) शिक्षा और संस्कृति के स्तर के अनुसार शब्दों का स्तर-भेद

डॉ० हरदेव बाहरी ने इस दृष्टि से हिन्दी शब्दों के छः स्तर भेद किये हैं-

(१) वैज्ञानिक, पारिभाषिक

(२) साहित्यिक/शिक्षित

(३) सामान्य स्तर

(४) ग्रामीण (बोलियों के शब्द)

(५) गोप्य और स्थानीय

यह विभाजन अन्य भाषाओं के लिए भी लागू हो सकता है। इसी प्रकार चेकोस्लोवाकिया के हिन्दी विद्वान डॉ० स्मेकाल ने हिन्दी की पाँच शैलियों का उल्लेख किया है-

(१) आम, सामान्य सूचना की शैली

इस सूचनात्मक शैली में सब प्रकार के प्रचलित अनौपचारिक संलापों, बातचीतों, वार्तालापों, गपशपों को सम्मिलित किया जा सकता है-इनके शब्द सुबोध, बेछांटे, सामान्य हैं। स्मेकल के अनुसार इसकी शब्दावली खिच्चड़ी है।

(२) विशिष्ट कार्यवाही या व्यावसायिक शैली

यह शिक्षा, कार्यालय, प्रशासन आदि में प्रयुक्त अनौपचारिक शैली है। विशिष्ट क्षेत्र में प्रयुक्त होने के कारण संस्कृत शब्द भी बहुलता से इसमें प्रयुक्त होते है।

२. पर्यायों के बीच चुनाव की समस्या

शैली भेद का प्रमुख आधार शब्दावली पर निर्भर है, यह पहले कहा जा चुका है। अनुवाद में एक ही शब्द के लिए लक्ष्य भाषा में उपलब्ध कौन-सा शब्द अधिक उपयुक्त रहेगा, इसका निर्णय करने में मूल की शैली की दृष्टि काफी उपयोगी हो सकती है। हिन्दी के सम्बन्ध में कहा जाय तो दो तीन प्रकार से यह समस्या हमारे सामने आती है।

(१) तत्सम और तद्भव शब्दों के बीच चुनाव

जैसे-

निमंत्रण	नेवता
स्नेह	नेह
पुस्तक	पोथी
पीड़ा	पीर
शोक	सोग

इन शब्दों में से कौन-सा शब्द अनुवादक को चुनना है, यह शैली पर ही निर्भर रहेगा। यदि बोलचाल की शब्दावली से युक्त सामान्य शैली हो तो हिन्दी में तद्भव शब्द अधिक ठीक लगते हैं। हिन्दीतर भाषाओं में तद्भवों के बदले उन भाषाओं के निजी लोकप्रचलित शब्दों का प्रयोग करना अधिक ठीक रहेगा।

(२) विदेशी और देशी शब्दों के बीच चुनाव

हिन्दी में अरबी-फारसी शब्दों और तत्सम-तद्भव शब्दों के बीच चुनाव की समस्या बहुत ही जटिल समस्या है।

हिन्दी में अनेक शब्दों के लिये विदेशी और देशी शब्द शैली-भेद-के कारण मौजूद हैं तो अन्य कुछ भाषाओं में इनके लिए देशी शब्द ही मिलेगा जिसके कारण कठिनाई

पैदा होती है-

जैसे-

हिन्दी	मलयालम
कोशिश-प्रयत्न	प्रयत्नं या श्रमं
ईश्वर-खुदा	दैवं या ईश्वरन्
फौज-सेना	पट्टालं
दफ्तर-कार्यालय	आप्पीसु

व्यावहारिक समाधान

इस प्रकार के शब्दों की बड़ी सूची हो सकती है। अनुवादकों के सामने अवश्य ही यह बहुत बड़ी समस्या है। अनुवादक को इस समस्या के समाधान में औचित्य का पालन करना जरूरी है। उसका औचित्य-बोध तथा प्रसंग ही चुनाव का आधार हो सकता है।

(३) अर्द्ध तत्सम शब्दों के चुनाव की समस्या

ग्रामीण लोगों की बातचीत में, विशेषकर आंचलिक भाषा में, अर्द्धतत्सम शब्द काफी मात्रा में दिखाई पड़ते हैं।

जैसे-

उच्चस्तर की भाषा	निम्नस्तर की भाषा
यमलोक	जमलोक
धर्म	धरम
विशेष	विसेस
विनय	विनय
नीति	नीत

इस प्रकार के दो रूप अन्य भारतीय भाषाओं उच्चस्तर की शैली तथा निम्न स्तर की शैली में भी दिखाई पड़ते हैं।

व्यावहारिक समाधान

निम्नस्तर के लोगों से सम्बन्धित साहित्य में और विशेषकर आंचलिक साहित्य में अनुवादक को मूल के समान वातावरण उपस्थित करने के लिए मूल के अर्द्धतत्सम शब्दों के लिए या तो स्रोत भाषा में कोई समान अर्द्धतत्सम शब्द ढूँढ़ना चाहिए अथवा बिल्कुल देशज आंचलिक शब्दावली से काम लेना चाहिए।

पुनरुक्त शब्दों की समस्या

पुनरुक्त शब्दों के लिए प्रतिध्वनि शब्द, अनुवाद युग्म आदि नाम भी चलते हैं। पुनरुक्त

शब्दों में एक तरह से एक ही शब्द अथवा उसके पर्यायवाची शब्द की आवृत्ति होती है। अक्सर यही माना जाता है कि पुनरुक्त शब्दों में दूसरे शब्द की आवृत्तियाँ ही की जाती हैं, परन्तु वास्तविकता यह है कि इन शब्दों का निर्माण ऐसी मानसिक स्थिति में होता है जब हमारा मन शब्द के किसी एक ही रूप के ही माध्यम से अपने भाव या अर्थ की पूर्ण अभिव्यक्ति में सक्षम नहीं हो पाता। रूसी विद्वान डॉ० दीमाशित्स ने पुनरुक्त शब्दों को तीन भागों में विभाजित किया है-

(१) पूर्ण पुनरुक्ति,
(२) अपूर्ण पुनरुक्ति,
(३) समानार्थक पुनरुक्ति।

(१) पूर्ण पुनरुक्ति - ऐसा माना जाता है कि पुनरुक्त शब्दों की प्रवृत्ति आर्य तथा द्रविड़ भाषाओं में विशेष रूप से है। परन्तु जब तुलनात्मक दृष्टि से देखते हैं तो पता चलता है कि हिन्दी और तमिल की तुलना में मलयालम में पुनरुक्त शब्दों की कमी है। हिन्दी के अनेक पुनरुक्त शब्दों के लिए मलयालम में समान पुनरुक्त शब्द मिलना मुश्किल हो जाता है। पूर्ण पुनरुक्ति में यह कठिनाई अधिक नहीं होती है, परन्तु अपूर्ण पुनरुक्ति तथा समानार्थक पुनरुक्ति में काफी समस्याएँ आती हैं।

(२) अपूर्ण पुनरुक्ति - इसमें आवृत्ति के पूर्व या उत्तर भाग के शब्द विभिन्न होते हैं परन्तु एक दूसरे से जुड़कर वे पूर्व या उत्तर भाग को सशक्त बनाते हैं। इस प्रकार के कुछ हिन्दी पुनरुक्त शब्द तथा उनके मलयालम अनुवाद दिये जाते हैं-

हिन्दी	**मलयालम**
अड़ोस-पड़ोस	अयल्वक्कं (पड़ोस)
धूम-धाम	आर्भाटं

(३) समानार्थक पुनरुक्ति-समानार्थक पुनरुक्ति अथवा 'अनुवाद युग्म' में भी अनुवादक की समस्याओं का सामना करना पड़ता है। इस प्रकार के कुछ शब्दानुवाद अंग्रेजी में तो हास्यास्पद बन जाएँगे-

हिन्दी	**अंग्रेजी**
हरे-हरे फूल	green green flowers (green flowers)
बड़े-बड़े लोग	big big people (big people)
छोटी-छोटी बातें	small small things (small things)
ऊँचे-ऊँचे पहाड़	high high mountains (high mountains)

८.३. रूपस्तरीय समस्याएँ

दो भाषाओं की शैलीगत भिन्नता का प्रमुख कारण उनकी रूप रचना का वैभिन्य है। हिन्दी और अन्य भाषाओं की रूप-प्रक्रिया की भिन्नता के कारण अनेक समस्याएँ उत्पन्न

होती हैं। प्रमुख रूप से इन दोनों भाषाओं के लिंग, वचन, कारक, विशेषण, सर्वनाम, अव्यय तथा क्रिया के प्रयोग में जहाँ वैषम्य अधिक होता है, वहीं ये समस्याएँ अधिक मात्रा में पायी जाती हैं। समान शब्दावली की रूपग्रामिक भिन्नता भी इन दोनों भाषाओं के परस्पर अनुवाद में समस्याएँ पैदा करती हैं। आगे इन समस्याओं पर क्रमशः विचार करेंगे।

८.३.१. लिंग सम्बन्धी समस्याएँ – हिन्दी, फ्रेंच, रूसी आदि लिंग-प्रधान भाषाओं के अनुवाद में लिंग की अनेक समस्याएँ आती हैं। हिन्दी में दो ही लिंग हैं- पुल्लिग और स्त्रीलिंग जबकि मलयालम में तीन लिंगों की गणना होती है-पुल्लिंग, स्त्रीलिंग और नपुंसकलिंग। मलयालम का यह लिंग-विधान प्राचीन भारतीय आर्य भाषा के समान होते हुए भी उससे भिन्न है। प्राचीन भारतीय आर्य भाषा में अप्राणिवाचक शब्दों का भी लिंग निश्चित होता था यथा नदी, अग्नि आदि। परन्तु मलयालम का लिंग विधान पूर्ण रूप से प्राकृतिक है, उसमें अप्राणिवाचक सभी शब्दों को नपुंसकलिंग के अन्तर्गत रखा गया है। लिंग-व्यवस्था के इस मूलभूत अन्तर के कारण भाषा-शिक्षण, अनुवाद तथा भाषा के अन्य व्यवहार में अनेक टेढ़ी समस्याएँ उत्पन्नत होती हैं। अनुवाद के संदर्भ में लिंग की सबसे बड़ी समस्या संकल्पनाओं के अंतर से उत्पन्न होती है। उदाहरण के लिए मलयालम में जिन शब्दों को नपुंसकलिंग के रूप में माना जाता है, उन्हें हिन्दी में स्त्रीलिंग या पुल्लिग में रखने के कारण उन शब्दों में कोमलता या परुषता का अतिरिक्त तत्त्व जुड़ जाता है जो मलयालम में नहीं आ पाता। हिन्दी में पर्वत पुरुष होगा तो नदी स्त्री मानी गयी है। विश्वास पुरुष तत्त्व है तो श्रद्धा स्त्री तत्त्व है। जैसे कामायनी की निम्नलिखित पंक्तियों में-.

> **"नारी तुम केवल श्रद्धा हो....**
> **विश्वास रजत-नग-पग तल में**
> **पीयूस स्रोत सी बहा करो**
> **जीवन के सुन्दर समतल में"** (कामायनी-लज्जा सर्ग)

इसका अनुवाद किया गया है-

> **"श्रद्धा मात्रमयि, नारि, नी, सुविश्वास**
> **वेल्लिमल तन्टे सानुविल्**
> **चारु जीवित समोर्ग्विर्यिल् सुधा-**
> **धार पोलें योषकि गगमिक्क नी।"** (कामायनी-अनु०, पृ० ९२)

उक्त अनुवाद में श्रद्धा-विश्वास, पर्वत-धारा के परुष-कोमल तत्त्वों की व्यंजना मलयालम पाठकों तक पहुँच नहीं सकती, क्योंकि मलयालम में ऐसी संकल्पना ही नहीं है। यह तथ्य निराला की कविता 'तुम और मैं' में प्रयुक्त परुषकोमल तत्त्वों के सहारे अधिक स्पष्ट बन जाएगा। इसमें हिमालय-गंगा, छन्द-कविता, भाव-भाषा, नृत्य-नूपुरध्वनि, सितार-विरह रागिनी आदि अनेक युग्म हैं जो पुरुष तत्त्व और स्त्री तत्त्व अथवा पुरुष तत्त्व और कोमल

तत्त्व को अभिव्यक्त कर रहे हैं। इनका अन्य भाषाओं में अनुवाद करने पर लिंग पर आधारित यह संकल्पना का अंतर व्यक्त नहीं हो पाता है। हिन्दी में 'घड़ी' शब्द स्त्री लिंगवाची है, इसलिए 'उसकी साथिन घड़ी' (द्रष्टव्य-निरूपमा सवेली की 'विमोह' नामक कहानी) जैसा प्रयोग हिन्दी के लिए सहज है। परंतु मलयालम में घड़ी के साथ यह स्त्री बोधक भावना की अभिव्यक्ति सहज संभव नहीं है। इसी प्रकार मलयालम के कुछ प्राणिवाचक शब्द एक निश्चित लिंग में कवियों द्वारा प्रयुक्त हो सकता है जैसे 'कौआ' (स्त्रीलिंग में) तोता (स्त्रीलिंग) आदि। अनुवाद में इस धारणा को व्यक्त करने के लिए अतिरिक्त सूचना की आवश्यकता पड़ेगी। उदाहरणस्वरूप जब एपुत्तच्छन तोते से रामायण की कथा कहने के लिए कहते हैं तो वे शुक से नहीं, बल्कि शुकी से कहते हैं। 'किलि' शब्द का अनुवाद अक्सर 'तोता' ही किया जा सकता है जिससे भ्रम हो सकता है। वैलोप्पिल्लिल् श्रीधर मेनोन की प्रसिद्ध कविता 'कौआ' में कौआ स्त्री या लड़की के रूप में आती है जबकि हिन्दी में यह शब्द पुल्लिग में ही आएगा। इस कारण से उक्त कविता में अनुवाद में यह अतिरिक्त सूचना भी देनी पड़ी कि इस संपूर्ण कविता में 'कौआ' शब्द स्त्रीलिंग में प्रयुक्त है। जहाँ इस प्रकार की संकल्पना का सूक्ष्म अन्तर लिंग के कारण आ जाता है, वहाँ पर अनुवादक इसकी सूचना भी यथोचित ढंग से दे सकते हैं। यही इस समस्या का व्यावहारिक समाधान लगता है।

लिंगसूचक प्रत्ययों के प्रयोग में अन्तर-मलयालम और हिन्दी में लिंग सूचक प्रत्ययों के कारण भी समस्याएँ आती हैं। जैसे-

कुछ स्त्रीलिंगवाची प्रत्यय लगाकर हिन्दी में छोटे-मोटे कड़ा और कोमल के अन्तर को व्यक्त किया जाता है-

जैसे-रस्सा-रस्सी, डोरा-डोरी, डिब्बा-डिबिया,

लोटा-लुटिया, हथौड़ा-हथौड़ी आदि।

यह प्रवृत्ति अन्य कई भाषाओं में नहीं मिलती है और इस कारण इन शब्दों के अनुवाद में लिंग की यह सूक्ष्म कल्पना बिल्कुल ही नष्ट हो जाती है। ये सारे शब्द मलयालम में केवल नपुंसकलिंग में हो जाएँगे।

हिन्दी में इसी से मिलती-जुलती प्रवृत्ति यह कि स्त्रीलिंगवाची शब्दों के साथ 'इया' या इयां' प्रत्यय जोड़कर एक अतिरिक्त स्त्रेण, कोमल भावना की अभिव्यक्ति की जाती है। जैसे-

चोटी-चुटिया, आँख-आँखियाँ, नींद-निंदिया,
गुड्डी-गुडिया, रात-रतिया, बेटी-बिटिया आदि।

ऐसे स्थलों पर अनुवादक को लिंग-भेद के कारण उपस्थित सौंदर्य-कल्पना के अन्तर की ओर भी ध्यान देना पड़ता है।

८.३.२. संरचनागत व्यतिरेक के कारण कई व्याकरण कोटियों का विस्थापन (Shift) अनुवाद में शैली की दृष्टि से आवश्यक हो जाता है। उदाहरण के लिए अंग्रेजी का पूर्वसर्ग हिन्दी में परसर्ग बन जाता है-

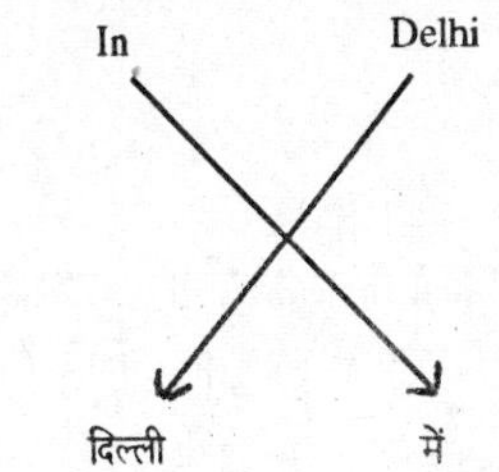

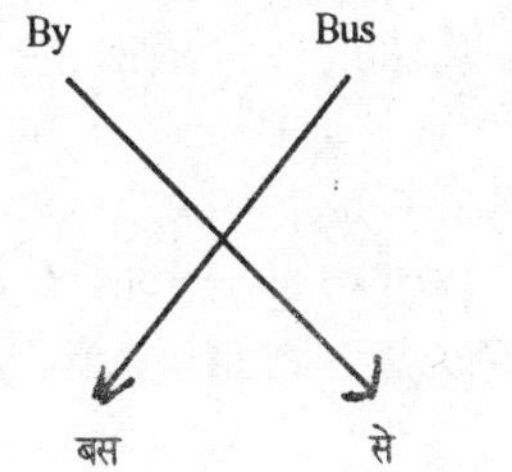

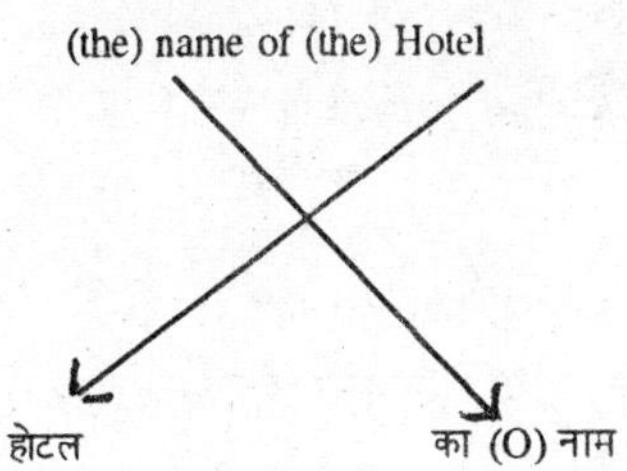

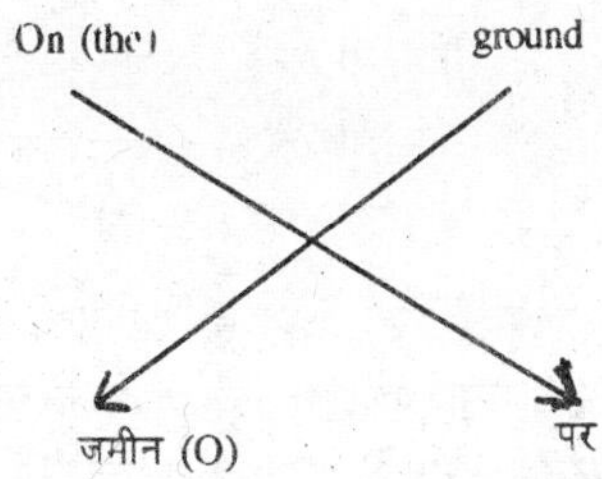

अंग्रेजी तथा अन्य अनेक यूरोपीय भाषाओं के वाक्यों में क्रिया लगभग मध्य में आती है जबकि भारतीय भाषाओं में क्रिया का स्थान वाक्य के अन्त में होता है। इस कारण संरचनापरक व्यतिरेक उत्पन्न होता है जो अनुवाद में अनेक व्याकरणिक समस्याओं को जन्म देता है। अरबी के एक वाक्य के साथ तुलना करके इस समस्या को दिखा सकते हैं-

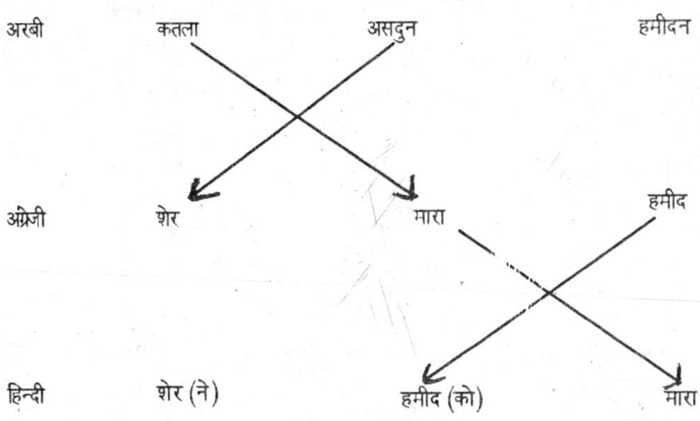

इसी तरह संयुक्त क्रियाओं की बारीक अभिव्यक्ति हिन्दी जैसी भाषाओं में तों संभव है, परन्तु अधिकांश यूरोपीय भाषाओं में ऐसा सम्भव नहीं है। जैसे-

हिन्दी	अंग्रेजी	इतालियन	रोमानियन
आ गया	x	x	x
गिर पड़ा	x	x	x
रो दिया	x	x	x

क्रिया के सूक्ष्म काल-भेद की अभिव्यक्तियाँ भी कई भाषाओं में सम्भव नहीं हैं। उदाहरण के लिए हिन्दी के निम्नलिखित चार वाक्यों का रूसी में एक ही अनुवाद संभव है-

हिन्दी	रूसी
मैं घर जाता हूँ	या यदु दोमा
मैं घर जा रहा हूँ	
मैं घर जाती हूँ	
मैं घर जा रही हूँ	

खाया है, खा लिया है, खा चुका है जैसी अभिव्यक्तियां भी कुछ भाषाओं में संभव नहीं हैं। ऐसे स्थलों पर लक्ष्य भाषा की सहजता को दृष्टि में रखकर आवश्यक व्याकरणिक विचलन करना ही एकमात्र व्यावहारिक उपाय है।

८.४. **वाक्यस्तरीय समस्याएँ**-भाषाओं का शैली परक व्यतिरेक प्रमुख रूप से वाक्य-संरचना में प्रतिफलित होता है, इसलिए अनुवाद में भी वाक्यरचना, शैली का प्रमुख घटक बन जाती है। पदबन्ध स्तर पर क्रियाओं का योग व्यतिरेकी शैली का आधार है। ऐसे संयोगों या सहगमन का शब्दानुवाद शैली को अटपटा बना देता है-जैसे-

'खाना' क्रिया से बने पदबन्ध

		शब्दानुवाद	नैसर्गिक अनुवाद
ठंड खाना	=	to eat cold	(feel cold)
हवा खाना	=	to eat air	(have air)
मार खाना	=	to eat beating	(to be beaten)

'चलना' क्रिया से-

घड़ी चलना	=	watch walking	(working)
ट्रेन चलना	=	train walking	(running)
गाड़ी चलना	=	vehicle walking	(moving, running)

ऐसी अभिव्यक्तियाँ प्रत्येक भाषा के मुहावरों के अंग हैं, इनके लिए समान अर्थवाहक, सहज अभिव्यक्तियों को ढूँढ़ना पड़ेगा।

वाक्य में शब्द-क्रम की भिन्नता भी अनुवाद में समस्या का कारण बनती है। क्रिया के भिन्न क्रम के कारण एक सामान्य अंग्रेजी वाक्य का अनुवाद इस प्रकार होगा-

Mohan is going home = $NP^1 + VP + NP^2$

मोहन घर जा रहा है = $NP^1 + NP^2 + VP$

एक प्रश्न वाक्य 'मोहन कहाँ जा रहा है?' का अनुवाद होगा-

Where is Mohan going जिसमें क्रम होगा-

हि = $NP + VP^1 + VP^2 + ?$

अं = $VP^1 + NP + VP^2 + ?$

भारतीय भाषाओं में सहायक क्रिया भी अन्त में होती है जबकि यूरोपीय भाषाओं की स्थिति बिल्कुल भिन्न है। हिन्दी तथा अंग्रेजी में निषेधसूचक शब्द क्रिया के पहले आता है जबकि द्रविड़ भाषाओं में तो इसका प्रयोग क्रिया के बाद होता है-

Eng. Rama will not read the letter

हिन्दी - राम पत्र नहीं पढ़ेगा

मल० रामन कत्तु वायिवकुंक इल्ल

कर्मवाच्य में शब्दों का विस्थापन इस प्रकार होगा-

अं० The letter will not be read by Rama

हि० राम से पत्र नहीं पढ़ा जाएगा

म० रामनाल कत्तु वायिवक पटुंक इल्ल

भारतीय भाषाओं, विशेषकर द्रविड़ भाषाओं की प्रवृत्ति सरल वाक्यों के निर्माण की है जबकि यूरोपीय भाषाओं के लिए संयुक्त एवं मिश्र वाक्य की संरचनाएँ सहज हैं। अनुवाद में अंग्रेजी आदि भाषाओं में संयुक्त एवं मिश्र वाक्य भारतीय भाषाओं में आकर खण्ड-खण्ड होकर कई वाक्य बन जाते हैं। हिन्दी में विशेषण उपवाक्यों में उपवाक्य सूचक सर्वनाम को कर्ता के पहले रखा जाता है जबकि अंग्रेजी में कर्ता के बाद में-

अं. The book that I selected was good

हि. जो किताब मैंने चुनी, वह अच्छी थी।

उपवाक्य सूचक शब्दांश हिन्दी एवं अंग्रेजी में वाक्य के मध्य में आता है जबकि मलयालम में यह या तो अन्त में आता है या उपवाक्यों का क्रम बदलकर मध्य में सूचक को रख दिया जाता है-जैसे-

अं. The girl hoped that the boy will say something more

हि. लड़की को आशा थी कि लड़का कुछ और कहेगा।

म १. पेण्कुट्टिकु प्रतीक्षयुण्टायिरुन्नु अवन कुरच्चुकूटे परयुं एन्नु

म २. अवन कुरच्चुकूटे परयुं एन्नु पेण्कुट्टिक्कु प्रतीक्षयुण्टायिरुन्नु।

अनुवाद में ऐसी व्यतिरेकी वाक्य-संरचनाओं का विशेष महत्त्व है क्योंकि वाक्य में अर्थ एवं बल तथा प्रभाव की समस्याओं से जुड़ी हुई है। भारतीय भाषाओं के कृदन्त रूपों एवं सामासिक क्रियारूपों को यूरोपीय भाषाओं में उरवाक्यों में बदल दिया जाता है-उदाहरण के लिए भारतीय भाषाओं -

में````````````````

''खाना खाने वाले लोग'' जैसी अभिव्यक्तियाँ सहज हैं जबकि सहज ही यह प्रयोग अंग्रेजी में-

the people who eat food बन जाता है।

काव्यानुवाद में वाक्य रचना अत्यंत महत्त्वपूर्ण है क्योंकि कविता का शब्द क्रम तथा वाक्य संरचना का उसकी लय एवं अर्थ संरचना से अभिन्न सम्बन्ध है। एक पद्यांश का जब सामान्य गद्य में रूपान्तर किया जाता है तो वाक्य-संरचना के अन्तर के कारण उसमें प्रभाव की कमी आती है। इसलिए कविता के अर्थ एवं संगीत को संप्रेषित करने के लिए समान वाक्य संरचनाओं का पुन: सृजन आवश्यक हो जाता है।

उपसंहार

अनुवाद की उपर्युक्त अर्थपरक, सांस्कृतिक एवं शैलीपरक समस्याओं की चर्चा के उपसंहार में कह सकते हैं कि आधुनिक भाषाविज्ञान इन समस्याओं के लिए समाधान उपस्थित करने में अनुवादकों की काफी सहायता कर सकता है। परन्तु यह भी याद रखना है कि अनुवाद की प्रक्रिया एक निरी यांत्रिक प्रक्रिया नहीं है, उसके सौंदर्यशास्त्रीय एवं कलात्मक पहलू भी हैं। अत: अनुवाद की समस्याओं के विश्लेषण में स्रोत एवं लक्ष्य भाषा भाषियों की सौंदर्यपरक अवधारणाओं को भी दृष्टि में रखना पड़ता है। अर्थ-विज्ञान एवं प्रतीक विज्ञान के साथ-साथ सौंदर्यशास्त्र, शैलीविज्ञान एवं समाज भाषाविज्ञान के भी समन्वय की इस दिशा में आवश्यकता है।

संदर्भ

१

१. Theodre Savory, The Art of Translation, 1968, p.13.

२. George Steiner, After Babel, 1975, p. 73.

३. Sisirkumar Das, Western Sailors, Eastern Seas, New Delhi,1971, p. 28.

४. Kailash Chandra Varma, 'Some Western Indologists and Indian Civilization', in Vivekananda centenery volume, p. 15.

५. M. Winternitz, History of Indian literature, Volume III, Part I, New Delhi, 1977, pp.340, 362, 366.

६. भारत के साथ जर्मनों का सम्बन्ध, ले० वाल्टर लाइफर, अनु० वीरेन्द्र कुमार जैन, बम्बई, १९७२, पृ० ७९।

२

१. 'अनुवाद परकाय प्रवेश की प्रक्रिया है' यह सिद्धान्त पश्चिम में पुराने समय से प्रचलित रहा है। उदाहरण के लिए शापनहोवर (१८९१) ने लिखा था कि अनुवाद में ऐसी प्रतिभा एवं श्रम की आवश्यकता होती है जैसे 'आत्मा का अन्तरण' कर रहे हों। द्रष्टव्य है-

२. Smith A. H. Aspects of Translation (London, 1958) preface (vii).

३. Peter New mark, The Theory and practice of Translation, in Language Teaching and Linguistics Abstract, (London, Cambridge University Press, 1976).

४. Smith A. H., p. 1.

५. Quoted in Catford J. C., A Linguistics Theory of Translation (London, 1965), p. 35.

६. Robins R.H., General Linguistics, An Introductory Survey (London, 1975), p.28.

७. Firth J. R., The Technique of Semantics (London 1967) p. 7.

८. Halliday M. A. K., et al, The Linguistic Science and Language Teaching (London, 1961), p. 130.

९. George Steimer, After Babel (London, 1975) p. 260.

१०. Holmes, James S. (ed), The Nature of Translation (The Hague, 1970) p. 93.

११. Mednikova E. M., Translation as an aspect of foreign Language Studies

(Moscow University Press, 1976), p. 57.
१२. Catford J. C., p. 20.
१३. Garvin (ed.), A prague school Reader on Aesthetics, Literary structure and style (Washington D. C, 1955), p. iii.
१४. Smith A. H., p. 29.
१५. Reuban, Brower A. (ed), On Translation (Cambridge Massachusetts 1959) p. 19.
१६. Nida, Eugene A. and Charles R. Taber, the Theory and Practice of Translation (Lieden, 1974), p. 13.
१७. Holmes, James S., p. 83.
१८. Kalidas, Raghuvansa, 1.1.

३

१. माधवसिंह दीपक, साहित्यिक कृति का अनुवाद-अनुवाद, मई १९६६।
२. एन० महापात्र, 'अनुवाद एक कलाकृति' (अंग्रेजी लेख) अनु०-मई १९७६।
३. Theodre Savory, The Art of Translation, pp. 25-36.
४. V. N. Vanchool, Translation as a science, Anuvad, November 1965.
५. डॉ० गोपाल शर्मा, 'अनुवाद एक शिल्प है', अनुवाद, फरवरी १९६६।
६. Ian F. Finle, Translation, Preface, p. 7.
७. E. V. Rien, Cassels Encyclopaedia of Literature, p. 554.
८. U. A. Nida, Toward a science of Translation (1964), p. 166.
९. E. M. Mednikova, Translation as an aspect of Foreign language Learning (Moscow, 1976), p. 17.
१०. George Steiner, After Babel, 1975, Preface.
११. डॉ० भोलानाथ तिवारी, "अनुवाद विज्ञान" पृ० १९।

४

१. James S. Holmes, The Nature of Translation, (The Hague, 1970), p. 92.
२. बच्चन, 'उमर ख्याम की रुबाइयात' (दिल्ली १९६८), पृ० ४५।
३. Shri Aurobindo, On Translating Kalidasa : Collected works Vol. 2. (Pondicherry, 1970).
४. Ozerov. L., The Artistic Excellence in translation : Soviet Literature-No. 6 (Moscow, 1976), p. 171.
५. प्रभाकर माचवे, काव्यानुवाद की समस्याएँ (कोच्चिन विश्वविद्यालय की अनुवाद-कार्यशाला में पठित लेख)।
६. प्रभाकर माचवे, कथा साहित्य का अनुवाद, अनुवाद त्रैमासिक, जुलाई-सितम्बर १९७१।

७. वारान्निकोव ने अपने ग्रंथ 'भाषा और साहित्य' में तथा लेखक से व्यक्तिगत भेंट में ये बातें कहीं।

८. M. C. Bagchie, " The Role of Scientific and Technical Translation in the development of India"-Jista- Vol. 5, Numbers 3 and 5, New Delhi-1976.

९. वेदप्रकाश, 'वैज्ञानिक एवं तकनीकी साहित्य का अनुवाद' अनुवाद-कला कुछ विचार, पृ० १४६।

१०. H. K. Saksena, 'Essentials of Good Scientific translation', Anuvad-New Delhi- Vol. 2, No. 1, 1965.

५

१. डॉ० प्रभाकर माचवे- 'कथा साहित्य का अनुवाद'-अनुवाद त्रैमासिक-जुलाई-सितम्बर १९७१।

२. जैनेन्द्रकुमार, अनुवाद कला कुछ विचार, पृ० १४।

३. पाल-पी० वर्गीज, अनुवाद की समस्याएँ अंग्रेजी के संदर्भ में, अनुवाद, अप्रैल-जून ७१।

४. इयान एफ फिनले, ट्रांसलेटिंग, पृ० ९३।

५. थियोडर सेवर, 'आर्ट आफ ट्रांसलेशन', पृ० २६।

६. Peter Newmark, The Theory and Craft of Translation, Language Teaching and Linguistics Abstracts-Vol. 9, No. 1, January 1976.

६

१. विश्व प्रकाश गुप्त, "पश्चिम में अनुवाद-सिद्धान्तों का विकास, अनुवाद, दिल्ली, अगस्त १९६९।

२. Cassels Encyclopaedia of Literature, p. 554.

३. The Art of Translation, p. 50.

७

१. डॉ० भोलानाथ तिवारी 'अनुवाद-विज्ञान', पृ० १५।

२. R. H. Robins-General Linguistics-An Introductory Survey, P. 21.

३. डॉ० शिवनाथ 'अर्थ तत्व की भूमिका', पृ० २२।

४. डॉ० प्रभाकर माचवे, कथा साहित्य का अनुवाद, 'अनुवाद', जुलाई-सितम्बर १९७१।

५. E. A. Nida, Toward a science of Translation, p. 149.

६. Mario Pie-The Story of Language, p. 409

७. डॉ० शांतिस्वरूप गुप्त-मराठी-हिन्दी अनुवाद की समस्याएँ-अनुवाद, मई १९६७।

८

१. Jayasankar Prasad, Kamayani, Translated by B. L. Sahney Yugbodh Prakashan, Delhi, 1971, p. 47.